AF231097

LE
PROGRAMME DES UNIONS
DE LA PAIX SOCIALE

AVEC UNE

INTRODUCTION

DE M. H.-A. MUNRO BUTLER JOHNSTONE
MEMBRE DE LA CHAMBRE DES COMMUNES D'ANGLETERRE

PAR M. F. LE PLAY
ANCIEN CONSEILLER D'ÉTAT, ANCIEN SÉNATEUR

TOURS
ALFRED MAME ET FILS, LIBRAIRES-ÉDITEURS
—
PARIS, DENTU, LIBRAIRE
PALAIS-ROYAL, 19, GALERIE D'ORLÉANS

LES UNIONS DE LA PAIX SOCIALE.

PUBLICATIONS DU COMITÉ DE LA BIBLIOTHÈQUE

———

LA RÉFORME EN EUROPE

ET

LE SALUT EN FRANCE

———

LE
PROGRAMME DES UNIONS
DE LA PAIX SOCIALE

AVEC UNE

INTRODUCTION

DE M. H.-A. MUNRO BUTLER JOHNSTONE

MEMBRE DE LA CHAMBRE DES COMMUNES D'ANGLETERRE

PAR M. F. LE PLAY

ANCIEN CONSEILLER D'ÉTAT, ANCIEN SÉNATEUR

TOURS

ALFRED MAME ET FILS, LIBRAIRES-ÉDITEURS

—

PARIS, DENTU, LIBRAIRE

PALAIS-ROYAL, 19, GALERIE D'ORLÉANS

SOMMAIRE

DE L'OUVRAGE

—

Introduction. — Le Programme. — Conclusion. — Pièces annexées. — Table analytique des matières.

INTRODUCTION

SOMMAIRE

DE L'INTRODUCTION

—

Lettre de M. H.-A. Munro Butler Johnstone à M. F.
Le Play. — Réponse de M. F. Le Play à M. H.-A. Munro
Butler Johnstone.

INTRODUCTION

LETTRE DE M. H.-A. MUNRO BUTLER JOHNSTONE

A M. F. LE PLAY

Londres, 1er mai 1876.

Monsieur,

Vous m'avez fait l'honneur de me demander mes vues sur le programme de réforme qui pourrait être appliqué à la situation actuelle de la France. Je me rends à votre appel. Mais c'est auprès de vous qu'il faut s'instruire, et les lumières que vous possédez me font complétement défaut pour accomplir ma tâche. C'est même dans vos travaux que j'ai le plus appris sur la constitution de mon propre pays. Je n'ai donc qu'une chose pour moi : c'est ma qualité d'étranger, qui me met à l'abri des passions de parti et me défend au moins contre leur aveuglement.

Pour vous répondre, je suis amené à dire d'abord ce que c'est qu'une « constitution ».

Selon le précepte de Montesquieu, inscrit dans la Déclaration de 1791 (Art. 16) : « Toute « société dans laquelle la séparation des pou- « voirs n'est pas déterminée, n'a pas de consti- « tution. » S'il en est ainsi, la France depuis 1791 n'a pas eu de constitution, bien qu'on ait appelé de ce nom les dix-neuf chartes qui se sont succédé depuis lors. Hormis le premier Empire, où les pouvoirs ont été autrement confondus, il y a eu le régime parlementaire, décoré de différents noms, Monarchie constitutionnelle, République, Présidence, bien que toujours le même en réalité. Maintenant qu'est-ce que le régime parlementaire?

Le régime parlementaire est la confusion organisée de ces fonctions législatives, exécutives et judiciaires, dont la séparation, d'après le texte cité ci-dessus, est le principe essentiel de tout bon gouvernement. J'essaierai de démontrer que tous les maux qui affligent aujourd'hui la France et l'Europe remontent à cette confusion. C'est la séparation dont je parle qui constitue le frein et contre-frein de la machine gouvernementale, favorise la liberté, conjure le despotisme, garantit la légalité et rend l'usurpation impossible. C'est cette confusion, au contraire, qui rompt toute espèce de frein, donne la toute-puissance à une majorité d'un jour, substitue la force à la loi, encourage les factions et aboutit en dernier lieu au despotisme.

En effet, le gouvernement, c'est-à-dire le pouvoir exécutif, au lieu d'être un corps indépendant de la législature, nommé par le Souverain et contrôlé par l'assemblée élective (ce qui est l'essence du gouvernement monarchique), n'est rien qu'un comité issu du sein même de la législature, soutenu par le parti qui y domine, s'inspirant alors de ses passions et de ses intérêts, obligé par conséquent de les flatter et de les servir.

La législature ayant usurpé les fonctions exécutives, le parti dominant a la main sur les fonctionnaires, et les renouvelle à chaque fluctuation électorale, en se préoccupant bien plus de leur couleur politique que de leurs aptitudes et de leurs qualités. Il néglige par conséquent l'intérêt du pays, qui souffre singulièrement de cette instabilité.

L'intolérance des partis est, en somme, inhérente au régime même de toute assemblée populaire : il en a été ainsi depuis le commencement du monde; mais c'est de nos jours seulement que ces passions ont obtenu libre carrière et disposent des destinées des peuples.

C'est surtout dans les affaires étrangères que se montrent les conséquences et les vices du régime parlementaire ; car c'est ici que l'action du cabinet, ou plutôt d'un ou deux hommes dans le cabinet, est le plus libre. Aucun frein ne les arrête. Le champ reste ouvert aux intrigues les plus criminelles et aux ambitions les plus désordonnées. Peut-on dès lors s'étonner qu'avec un tel système, adopté sous des noms différents, l'Europe soit un camp armé et que ses peuples succombent sous le poids de taxes sans exemple dans l'histoire du monde ?

Si l'on va au fond de toutes les constitutions, on s'assure que le vrai contraste n'est pas entre le régime parlementaire et le régime absolu ou despotique. Tous deux ont mille points de contact et sont de nature identique. L'arbitraire et l'absolutisme d'un cabinet et d'une majorité diffèrent en très-peu de chose de l'arbitraire et de l'absolutisme d'un despote. Le vrai contraste, dis-je, c'est entre l'arbitraire d'un côté et la légalité de l'autre, entre tout gouvernement où le contrôle n'est qu'une vaine apparence et ceux où le contrôle s'exerce réellement, où l'arbitraire est conjuré suivant les voies légales rendues accessibles à chaque citoyen.

Le gouvernement de cabinet (l'expression logique du régime parlementaire) a été importé en Europe par l'Angleterre, et, comme la tunique de Nessus, il ronge tous les peuples qui ont accepté le fatal cadeau. Tel est le cas pour les grandes nations, comme la France et l'Espagne, et pour les petits États, comme la Grèce et la Roumanie.

L'Europe, voyant l'Angleterre florissante, et apprenant d'ailleurs par Montesquieu et les écrivains du dernier siècle qu'elle devait sa prospérité à sa constitution, voulut suivre un exemple aussi parfait. Malheureusement, comme cela arrive si souvent pour les imitations, elle copia les vices plutôt que les vertus de la constitution anglaise, et ne comprit pas l'esprit historique du modèle qu'elle adoptait. Il n'y avait là rien d'étonnant; car la même confusion d'idées et les mêmes erreurs sont aussi communes en Angleterre que sur le Continent.

Cependant la constitution américaine était là pour montrer à l'Europe ce que la constitution anglaise était réellement aux jours de la plus grande prospérité du pays. Non pas que la constitution américaine en soit une imitation exacte, mais c'en est une *traduction* aussi littérale que le comportaient les conditions différentes de la société dans les États-Unis; de sorte que, par un procédé rétroactif, on peut discerner quels étaient alors les vrais éléments de la constitution anglaise. De plus, en étudiant ce travail de traduction, nous pouvons avoir une utile leçon, quant à la façon intelligente dont les institutions d'une nation peuvent être adaptées aux besoins d'une autre.

Il me semble donc utile de définir ce qu'étaient ces traditions de la constitution anglaise, au moment de l'exode des « pères pèlerins », et de montrer ensuite comment ces derniers les ont traduites dans la constitution américaine.

L'Angleterre jouissait autrefois en réalité de la séparation des pouvoirs législatif et exécutif. Le roi nommait ses ministres, et lui-même inspirait leurs arrêtés, après avoir consulté son conseil privé [1]. Les membres de ce conseil étaient « les instruments de la prérogative », selon la vieille formule anglaise. Le roi les nommait à son avénement au trône. Ils étaient inamovibles. Leur nombre était restreint. Leur fonction était délibérative et non exécutive. Ils inscrivaient leur avis dans le grand livre du

---

[1] En France, le roi était également tenu de consulter son conseil. On lit dans la *Chronique d'Hermingfort* (p. 43), à propos d'une dispute entre Philippe le Bel et Edmond, duc de Cornouailles, au sujet de l'Aquitaine en 1294 : « Au bout de quarante jours, quand il (Philippe) « fut interrogé sur cette affaire par le duc Edmond, « il répondit sur-le-champ qu'il appartenait à son con- « seil de donner des ordres (de retraite), et que l'affaire « avait été jugée par douze Pairs ; et que sans leur avis lui « ne pouvait rappeler ses troupes. » — Voir Pièce IV.

conseil, *et ils étaient responsables devant la loi pour ce qu'ils conseillaient au roi*. C'était une vraie responsabilité et non l'illusoire responsabilité, dite responsabilité ministérielle, telle qu'on la comprend de nos jours. « Sans res-« ponsabilité réelle, » disait notre grand Burke, « tout ce qui a de la valeur dans la constitution « anglaise ne vaudrait rien. » Les ministres étaient alors, de fait comme de nom, les serviteurs du roi, et non pas ses maîtres comme dans le système parlementaire. Le roi gouvernait et régnait; mais cela, sous la sanction de la légalité.

D'un autre côté, le contrôle résidait dans les cours de justice et dans le parlement. Les fonctions essentielles de ce dernier étaient de voter les subsides, de présenter les griefs, et au besoin de mettre les ministres en accusation.

Les provinces aussi jouissaient d'une existence réelle. La vie se répandait dans toutes les parties du corps politique, tandis qu'aujourd'hui, il y a atrophie dans les membres et congestion à la tête. Les assemblées provinciales, véritables pépinières d'hommes d'État, veillaient sur les besoins de leurs provinces respectives et y entretenaient la vie politique.

On peut affirmer que la constitution anglaise, au temps de sa plus grande puissance, n'a jamais agi arbitrairement. L'arbitraire et l'absolutisme étaient abhorrés par l'esprit de cette constitution. Le souverain absolu, « l'État c'est « moi, » n'y avait ni place ni existence. Le roi ne pouvait prendre aucune résolution, et ne s'avisait jamais d'en prendre aucune, excepté avec et par l'avis de son conseil. « Le roi en « son conseil » était la formule historique du pouvoir exécutif des souverains anglais. La même loi qui leur accordait de grandes prérogatives, leur défendait d'en user autrement que par la voie légale, c'est-à-dire par le canal du conseil privé. C'était là ce qui donnait de la dignité à la couronne et de la permanence à ses décisions. Aussi les grandes traditions de la royauté anglaise, et par conséquent de la nation elle-même, peuvent-elles être trouvées dans l'histoire du conseil privé.

Ce conseil acquit sous les Tudors une prépondérance salutaire. Annulé sous Charles Ier, il fut rétabli, au lendemain de la révolution de 1649, par Charles II en exil, comme instrument de propagande et d'action monarchique ; sous l'habile direction de lord Clarendon, il prépara la restauration de la monarchie en 1660. Devenu à son tour gênant et importun pour un souverain qui suivait trop fidèlement les leçons de désordre moral données par Louis XIV, le conseil privé ne reparút un moment que sur les louables instances de sir William Temple, qui fit du rétablissement de cette institution la condition de son entrée au pouvoir.

L'acte de *Settlement,* qui fut rendu par Guillaume III, en 1701, pour régler la succession de la couronne, consacre ce rétablissement dans les termes suivants : « Toutes les matières « et toutes les choses qui, d'après les lois et « les coutumes de ce pays, sont du ressort « du conseil privé, y seront traitées ; et toutes « les décisions qui y seraient arrêtées, seront « signées par tous les membres du conseil « privé qui auront consenti auxdites décisions « et qui les auront conseillées [2]. »

Mais la faction dominante au sein du parlement ne tarda pas à obtenir, sous la reine Anne. en 1705, l'abrogation de cette mesure, qui gênait l'omnipotence parlementaire [3].

Depuis lors, la constitution anglaise a été complétement dénaturée, et la monarchie traditionnelle convertie en régime parlementaire. L'avénement de la maison de Hanovre, dont le premier roi ne comprenait pas la langue an-

[2] 12 et 13 : *Guillaume III.* C. 2, A.-D. 1701. == [3] « La « clause précitée, » celle qui est rappelée dans le texte, « est « et sera, par ces présentes, annulée, révoquée et comme « non avenue. » (4º Anne. chap. 8, section 24.)

glaise, et se déchargeait volontiers sur son ministre des prérogatives de la couronne, compléta le changement.

Quand Jefferson et ses collaborateurs se mirent à l'œuvre pour rédiger la constitution de leur pays, ces saines traditions de la monarchie anglaise, quoique commençant à s'altérer sur certains points, n'étaient pas encore complétement perdues. C'est elles qui inspirèrent les fondateurs de la constitution des États-Unis, et je vais montrer comment ils en surent faire l'application.

Des deux éléments de la constitution anglaise (l'élément royal et permanent, l'élément démocratique, temporaire et électif), le premier était interdit aux « pères pèlerins » par la jeunesse de leur nation et l'absence d'une dynastie; mais ils s'éloignèrent le moins possible de la forme sous laquelle la royauté leur était représentée dans la personne du gouverneur. Ils séparèrent totalement le pouvoir exécutif du pouvoir législatif, et rendirent le premier indépendant du second, quoique contrôlé par lui. Le président élu, comme le roi d'Angleterre d'autrefois, pouvait nommer ses propres ministres, même s'ils avaient des opinions politiques en contradiction avec celles de la majorité de l'assemblée.

Ce n'est pas tout; ce n'est pas même ce qu'ils firent de plus important. La royauté était, comme nous venons de le dire, l'élément permanent dans la constitution anglaise. Que substituer à cette permanence, qu'un président élu pour quatre ans ne pouvait évidemment pas remplacer? C'est ici qu'éclate la sagesse des fondateurs de la constitution américaine.

A la place du conseil privé, ils créèrent deux institutions destinées à le suppléer : le sénat et la suprême cour.

Quelques écrivains ont regardé le sénat comme répondant uniquement à la chambre des pairs; mais, bien que ceci puisse être vrai pour ce qui est de sa capacité législative, le sénat ressemble plutôt au conseil privé dans ses fonctions quasi exécutives, et plus particulièrement en ce qui regarde les affaires étrangères. Les anciennes fonctions judiciaires du conseil privé (et chez nous ces fonctions ont été aujourd'hui réduites à une cour de dernière instance pour certains cas déterminés) sont représentées par la suprême cour des États-Unis, qui a pour mission de faire respecter la constitution, c'est-à-dire « la loi suprême du pays [1] ».

[1] Art. 6e de la constitution du 17 septembre 1787. Cette constitution comprend implicitement la Coutume, ou la loi commune, (Common Law.) Voir notamment aux

Ces deux institutions donnent à la constitution américaine sa principale valeur. Avec l'organisation municipale et locale que les fondateurs empruntèrent aux coutumes anglo-saxonnes de la mère patrie, et qui, corruption à part, a maintenu la vie politique dans les États-Unis, le sénat et la suprème cour sont les bases d'une constitution qui aura bientôt un siècle de date, et qui a préservé de la dissolution une société purement démocratique. Ni l'une ni l'autre de ces deux institutions ne se retrouve investie des mêmes pouvoirs dans aucune autre société. Ce sont elles qui, à vrai dire, caracté-risent essentiellement la constitution des États-Unis. Ses fondateurs étaient si convaincus de l'importance du contrôle, surtout en matière d'affaires étrangères, qu'ils ne donnèrent pas seulement de larges pouvoirs à la suprème cour et au sénat dans ces affaires, mais qu'ils créèrent, en outre, au sein du sénat et de l'assemblée, des comités permanents de contrôle et d'enquête. Comparez les actes d'une

amendements qui en font partie intégrante et ont même vigueur que les articles primitifs, l'article 7 qui vise expressément la loi commune, et l'art. 9, ainsi conçu : « L'énumération faite dans cette Constitution de certains « droits ne pourra être interprétée de manière à exclure « ou à affaiblir d'autres droits conservés par le peuple. »

constitution entourée de cette triple sauvegarde avec les actions sans contrôle d'un cabinet sous le régime parlementaire !

Il y a un autre point très-important à considérer dans la constitution des États-Unis : c'est le poids tout différent attaché aux décisions du sénat *élu à deux degrés* et à celles de la chambre des députés *élue directement au premier degré*. A plusieurs reprises, la guerre eût été déclarée contre l'Angleterre, la France, l'Espagne et le monde en général, si les décisions passionnées de l'assemblée n'avaient pas été subordonnées à une sanction donnée par la sagesse supérieure du sénat. Un membre de l'assemblée populaire n'a pas nécessairement de droit formel au respect du public ; il en est autrement des membres du sénat. L'élection directe dépend de mille considérations, pour la plupart indépendantes de la capacité du représentant à remplir le poste qu'il sollicite. Au contraire, l'élection par une assemblée inaccessible aux mêmes influences que les votes populaires offre des garanties spéciales de sagesse et de discernement. Voilà sur quoi l'on peut compter *a priori;* et c'est, en effet, ce que confirme l'exemple des États-Unis.

Un autre principe, étroitement lié à celui-ci, et dont l'Amérique fournit aussi la démonstration, c'est le rôle important que doit jouer la

province dans une nation bien organisée. L'État
doit être l'assemblage harmonieux des groupes
naturels de la société, et non un ensemble in-
cohérent formé d'éléments pulvérisés; c'est le
contre-pied de la pensée que les révolutionnaires expriment dans leur formule : « L'État
est un et indivisible. » S'il s'agissait seulement
d'affirmer l'unité nationale vis-à-vis des autres
nations, cette formule ne serait qu'un lieu
commun; mais, entendue avec le sens qu'y attachent ses auteurs ou ses adeptes, elle énonce
un principe directement opposé à celui qui peut
seul assurer à un peuple la légalité, la durée et
la vie. Les révolutionnaires français voulurent
anéantir toute opposition locale à la réalisation
de leurs théories. Ils souhaitèrent que la France
n'eût qu'une tête, afin de pouvoir la plier plus
docilement sous leur joug; et ils étaient logiques
dans leur conception. Mais les faits se sont
chargés d'en démontrer le danger et l'erreur;
car si la vie des provinces n'avait pas été étouffée,
les dix-neuf constitutions successives et les alternatives de despotisme, par lesquelles la France
a passé, eussent été impossibles.

Comme confirmation de ce qui précède, je me
permettrai d'appeler votre attention sur l'exemple que nous fournit l'histoire des Pays-Bas.

Avant d'avoir été captivés et séduits par

l'exemple de la révolution française, les Hollandais jouissaient de l'autonomie provinciale la plus étendue qu'on puisse concevoir. La richesse, la prospérité, le bien-être et le commerce de ces provinces sont décrits par sir William Temple en 1670, après deux ans de séjour comme ambassadeur[b]. Il parle du prodigieux développement de leurs richesses, de leur commerce et de leur population. Il vante leurs villes fortifiées, leurs armées et le courage de leurs habitants. Leur revenu permanent suffisait à tous leurs besoins et leur permettait de soutenir la guerre contre la France. Selon l'éminent observateur, « les Pays-Bas sont arrivés à un tel « degré de grandeur, qu'ils sont enviés par les « uns, craints par les autres et admirés par tous. » Et ces avantages, le diplomate anglais les fait remonter sans hésitation aux anciennes lois et coutumes du pays.

Ces lois et coutumes ont depuis longtemps disparu, et, avec elles, leurs conséquences.

Comparez la puissance des Pays-Bas, qui tenaient tête à la France comme à la maison d'Autriche, à l'époque de sa plus grande puissance, et dont les flottes menaçaient l'Angleterre en naviguant victorieusement sur la Tamise même;

[b] Sir William Temple's Works, I, p. 58.

comparez, dis-je, cette grandeur à la position actuelle du royaume centralisé de la Hollande !

Je poserai en principe, sans admettre d'exception, qu'une fois l'unité et la souveraineté nationales garanties, on ne saurait donner aux provinces d'un empire trop de vie et de contrôle sur leurs propres affaires ; et je voudrais opposer cette liberté provinciale à la maxime démocratique de la centralisation gouvernementale.

Après cette revue rapide des institutions fondamentales et des principes sans lesquels une nation ne peut espérer la stabilité et la paix, je puis maintenant essayer de définir, pour en chercher ensuite le remède, les maux qui affligent aujourd'hui la France et l'Europe.

1. L'accroissement progressif des taxes, qui menace d'étouffer la vie industrielle des nations, dans lesquelles un système de crédit artificiel et compliqué place l'industrie particulièrement sous le coup de crises soudaines et désastreuses.

2. La charge de la conscription, qui écrase les finances et tarit les sources de la population. Alberoni et Montesquieu disaient déjà que « toutes les nations de l'Europe doivent succomber sous le fardeau de leur établissement militaire » ; et cependant qu'était-ce alors en comparaison de ce que nous voyons aujourd'hui !

3. Le poids de l'administration, la minutieuse intervention du gouvernement et de la bureaucratie dans les affaires de la vie privée, qui entrave la vie libre, l'initiative et l'intelligence des populations, et, par ses règlements multiples, rend suspect ou odieux le principe même de l'autorité dont ils émanent.

4. Le mauvais maniement des affaires qui échappent à l'autorité de la loi, et par lesquelles les pays sont plongés dans des guerres sans cause et sans examen, sous le vain prétexte de raison d'État, mots qui couvrent la duplicité de l'intrigue ou les crimes de l'ambition.

Remarquez que ces quatre fléaux datent de la révolution. Une chose également digne de remarque, c'est qu'en Angleterre chaque réforme parlementaire a été marquée par un accroissement successif de taxes et de dépenses.

Pour ces quatre maladies mortelles des sociétés modernes, le seul remède réside dans l'établissement d'une constitution légale où le contrôle soit réel et la responsabilité effective. Soyons-en bien sûrs : *c'est seulement par la vraie légalité qu'on pourra combattre la révolution dans l'esprit du peuple.*

Si la France qui, de la constitution de l'Angleterre, a imité ce qu'elle a de plus défectueux, voulait en imiter aussi ce qu'elle a d'admirable, corriger et améliorer ce qui s'y est dénaturé, les deux nations réagiraient l'une sur l'autre à leur mutuel perfectionnement.

Puisque j'ai été sévère pour les altérations modernes de la constitution anglaise, il me sera permis de rappeler quelques traits excellents de nos institutions :

1º Nous n'avons pas de juges d'instruction. — 2º Nous n'avons pas de police armée. — 3º Nous n'avons pas de passe-ports. — 4º Nous n'avons pas d'octroi. — 5º Nous n'avons pas de conscription. — 6º Nous n'avons pas une administration de préfets et de sous-préfets, avec son attirail gouvernemental et bureaucratique. — 7º Nous avons la liberté testamentaire. — 8º Nous avons la liberté de l'instruction. — 9º Nous avons l'indépendance des autorités spirituelles. — 10º Nous avons surtout le respect de la loi et de la justice. Celle-ci est distincte de la magistrature, et sa suprématie apparaît à chacun de nous comme la garantie même de nos droits et de nos libertés personnelles et nationales.

Telles sont les qualités des institutions anglaises ; c'est sur ces qualités et non sur notre constitution politique plus ou moins pervertie que l'attention de l'Europe pourrait utilement être appelée.

C'est peut-être surtout dans ce dernier élément, le respect de la loi, que réside la stabilité des institutions anglaises. Ce sentiment survivra-t-il à la dégradation moderne des idées sur la loi, due à la multiple fabrication des règlements parlementaires appelés *lois?* L'avenir le dira. C'est une règle générale que le respect pour les lois est en raison inverse de leur nombre, et ce n'est bien sûr pas le pays le mieux gouverné qui a le plus de lois. *Plurimæ leges, pessima respublica.* Toutefois, en Angleterre nos traditions restent encore vivaces en ce qui concerne le respect et l'affection dont nous entourons l'institution sacrée de la justice.

En France on se plaint de l'affaiblissement du respect pour la loi et la justice; comment pourrait-il en être autrement, quand la fausse conception de la loi l'assimile à la décision d'une majorité accidentelle dans une assemblée politique, indépendamment de tout contrôle supérieur, et quand la justice se confond avec la magistrature? Votre institution du « juge d'instruction » paraît à un Anglais une anomalie choquante. Les expressions dont vous vous servez usuellement semblent sanctionner cette assimilation erronée : un juge est appelé par vous un magistrat; vous dites que « la justice informe »; comme si la justice devait faire autre chose que juger.

Je signalais, en commençant cette lettre, la confusion entre le pouvoir exécutif et le pouvoir législatif; je la retrouve encore entre les fonctions exécutives et les fonctions judiciaires !

En Angleterre, à l'époque de nos meilleures traditions, tout tournait sur la loi, comme sur l'axe même de la société, la responsabilité des ministres aussi bien que les droits de l'individu. La légalité n'était pas seulement le couronnement, mais la base de la constitution. Comme dit sir Francis Palgrave, « la constitution n'est « qu'un cadre pour les douze juges. » Selon un autre ancien auteur, « la constitution d'Angle- « terre trône dans le palais de la justice. » Ce n'étaient pas là de vaines phrases; c'était l'expression d'une profonde vérité. Le remède au mauvais gouvernement pouvait être cherché *devant la moindre cour de justice (the Leets court) par le plus humble sujet.*

Tel est le sens d'un régime de légalité opposé au régime de l'arbitraire, qui, sous le nom de régime parlementaire, gouvernement de cabinet, régime constitutionnel, république ou autre, afflige les nations depuis un siècle et menace les bases mêmes de la société européenne. Je répèterai que c'est avec les seules armes de la légalité qu'on réussira à combattre la révolution, c'est-à-dire l'usurpation et le désordre.

On conjurerait de même la plupart des guerres internationales et des maux qu'elles déchaînent sur le monde. Napoléon, à Sainte-Hélène, a, dit-on, déclaré qu'il faudrait abolir les armées permanentes et les ambassades permanentes, parce que les premières n'étaient nécessaires qu'à cause des secondes. Quoi qu'on pense de cette déclaration, on peut prévoir que si la légalité venait à remplacer l'arbitraire et l'intrigue, les ambassades permanentes deviendraient moins opportunes. Les affaires internationales qui ne pouvaient être conclues par les chancelleries, étaient autrefois décidées au moyen de simples envoyés temporaires. Quant aux armées permanentes, les nations comme la France, l'Angleterre, l'Espagne, les États-Unis, que la Providence a douées du pouvoir maritime, *si elles savaient seulement s'en servir,* n'auraient pas besoin de se courber sous le joug affaiblissant de la conscription militaire. Mais pour traiter convenablement ce sujet, un volume entier serait nécessaire[6].

Désirant montrer à l'œuvre le régime de la légalité dans les rapports internationaux, j'emprunterai au passé l'exemple de Rome et au présent celui de plusieurs nations modernes. A

[6] Voir à ce sujet : *La Force navale supprimée par les puissances maritimes,* par M. Urquhart.

Rome, aucune guerre ne pouvait être déclarée sans un décret judiciaire du collége des Féciaux. Il en est de même en Turquie, où un *Fetva* (jugement du tribunal des *Ulémas*)est obligatoire. J'ai déjà dit plus haut les services que la suprême cour des États-Unis avait rendus à la paix et l'obstacle qu'elle opposait aux guerres injustes ou passionnées. En Angleterre, autrefois par le fait et aujourd'hui encore par la loi, ce n'est qu'après délibération et examen en conseil privé que la Couronne peut déclarer la guerre. Si cette pratique avait été conservée, je doute qu'aucune des guerres de notre temps, surtout celles de Chine, d'Afghanistan, de Crimée et d'Abyssinie, eût pu avoir lieu. Chacune d'elles a été le résultat de l'arbitraire dans le gouvernement et du secret dans le cabinet[7]. De même peut-on affirmer que les guerres qui ont confondu toute la politique européenne et renversé l'équilibre du pouvoir auraient été impossibles, si la nécessité avait existé, pour les hommes d'État qui les avaient entreprises, de consulter un tribunal judiciaire avant de s'y engager. La guerre, quand elle n'est pas le résultat d'une décision judiciaire décrétant, pour une cause juste, la confiscation et la mort contre un en-

---

[7] Voir : *Les quatre Guerres de la révolution et la suppression du Conseil privé,* par M. Urquhart.

nemi, n'est rien que l'assassinat sur une grande échelle, et la violation du cinquième commandement de Dieu : *Non occides.*

En effet, c'est toujours au Décalogue qu'il faut recourir pour y trouver le guide et le frein des actions humaines et des lois écrites. Ces lois n'ont de valeur que si elles découlent de la loi suprême; elles sont, pour ainsi dire, des règlements sociaux destinés à la mettre en pratique.

Cette vérité fondamentale inspire en fait la législation anglaise, bien qu'elle trouve, même en Angleterre, des contradicteurs qui, comme Hobbes et Blackstone, affirment que le pouvoir législatif du parlement est sans limite. Au contraire, d'éminents penseurs, tels que les lords Stowell, Coke et Hobart, ainsi que le grand Edmond Burke, refusent d'accorder un champ illimité à ce pouvoir. Si l'on concède ce que demandent les ultra-parlementaires, il est évident que la force primera le droit, que la majorité pourra impunément devenir oppressive, et que toute garantie contre la volonté populaire du moment sera anéantie [8].

Voici comment Cicéron flétrit de pareilles

[8] Je lisais l'autre jour dans un journal de Genève, à propos de la persécution des catholiques, cette phrase : « Il « ne s'agit pas de droit, mais de majorité : nous ferons « ce que nous voudrons. »

théories : « C'est une sottise de croire que
« toutes les choses qui sont citées dans les lois
« et les institutions des peuples doivent être
« par cela seul réputées justes... Car si les
« vraies lois étaient composées de ce que le
« peuple ordonne, de ce que les princes dé-
« crètent, et de ce que les juges prononcent, il
« serait légal de commettre le vol et l'adultère,
« et de porter le faux témoignage lorsque de
« tels actes seraient approuvés par le suffrage
« et les votes des Assemblées. » (*De Legibus,*
lib. I, p. 15 et 16.)

Il semble que l'autorité suprême de quelques
lois fondamentales, indiscutables, est une condition *sine qua non* de la durée de toute constitution; et, sans parler des Mèdes et des Perses,
je ne crois pas qu'on puisse trouver dans l'histoire un seul exemple d'un peuple stable et
prospère qui ait proclamé et pratiqué le pouvoir
illimité de changer ses lois.

Les fondateurs de la constitution américaine,
pour se garantir contre les bouleversements de
leurs lois, établirent la suprême cour, ayant,
entre autres, pour fonction d'examiner les nouveaux règlements, de vérifier leur accord avec
certaines lois fondamentales de la constitution,
et de les rejeter si cette condition n'était pas
remplie.

En Angleterre nos coutumes, nos traditions et nos vieux usages, enclavés dans le « Common Law », nous ont fourni ces lois fondamentales ; et anciennement les règlements parlementaires n'étaient qu'une déclaration de ces coutumes et usages. Ce ne fut qu'à une date relativement récente que le parlement revendiqua le pouvoir de faire de nouvelles lois, comme plus tard encore la suprématie de ces dernières.

Malgré les prétentions modernes, les hautes cours de justice en Angleterre ont énergiquement maintenu l'existence de limites au pouvoir législatif du parlement. En principe, aucune loi nationale ne saurait violer le droit des gens ; et quand il y a conflit, la suprématie doit rester à ce dernier [9].

Saint-Germain, le dernier grand légiste catholique en Angleterre, déclare que tout statut contraire à la loi de Dieu, ou à la loi de la nature, est nul *ipso facto* [10].

Lord Coke, presque dans les mêmes termes que Saint-Germain, affirme la suprématie de la tradition sur les statuts, comme la base de cette doctrine. Son langage est très-énergique : « Dans plusieurs cas, dit-il, la loi commune

---

[9] Heatfield : V. Chitton. Barbuits Case ; Triquet : V. Batt ; Viveash : V. Becker, *the Le Louis.* ══ [10] *Doctor and Student.* Dialogue I, chap. ii et xvi, p. 7-15.

« contrôlera les actes du parlement et quelque-
« fois les frappera de nullité complète. Car,
« quand un acte du parlement est contre le
« droit commun et la raison, ou bien répu-
« gnant ou impossible à accomplir, la loi com-
« mune le contrôlera et déclarera cet acte
« nul [11]. »

Cette proposition fut chaleureusement pré-
conisée par le lord chief justice d'Angleterre,
sous le règne de Guillaume III : « Si un acte
« du parlement ordonne que la même personne
« soit à la fois juge et partie, cet acte est nul.
« Un acte du parlement ne peut pas faire le
« mal, bien qu'il puisse faire plusieurs choses
« passablement bizarres ! Il ne peut pas sanc-
« tionner l'adultère [12]. »

« Un acte du parlement, » dit lord Hobart
sur le même sujet, « peut être nul dès son ori-
« gine comme un acte contre l'équité naturelle,
« car : « Jura naturæ sunt immutabilia ; sunt
« *leges legum* [13]. »

C'est justement pour que des *leges legum*
soient reconnues dans toute saine constitution,
et pour qu'un contrôle s'exerce sur les nouvelles
lois, qu'une suprême cour me paraît si impor-

[11] Bonham's case, 8. Report., p. 118. === [12] City of Lon-
don, V. Wood, 12. modern report, p. 687. === [13] Hobart,
Report, p. 87.

tante, et que j'ai rendu hommage à celle des États-Unis.

Avant de terminer cette lettre, je vous demande la permission, Monsieur, de résumer brièvement les principales conclusions sur lesquelles, dans l'état actuel de la France et de l'Europe, il me paraît opportun d'insister :

1º La séparation complète des fonctions qui se rapportent à la justice, à la législation et à l'administration.

2º La répartition du pouvoir exécutif entre le roi qui ordonne, assisté de son conseil, et les ministres qui exécutent, sous leur responsabilité, les lois et les décisions royales; chaque membre du Conseil tenu de signer son avis est également responsable.

3º L'attribution du pouvoir législatif à une assemblée nationale, ayant pour fonctions spéciales de voter les subsides et de contrôler le pouvoir exécutif.

4º Le maintien ou le rétablissement des assemblées provinciales et des assemblées communales, investies, chacune dans leur sphère respective, du soin de régler leurs propres affaires, et notamment leurs intérêts financiers.

Les membres des assemblées des communes sont élus au premier degré par les pères de famille, selon l'ancien suffrage du droit cano-

nique [14] et de la coutume universelle ; les
membres des assemblées provinciales sont élus
au second degré par les assemblées des communes, et élisent à leur tour les membres de
l'assemblée législative.

5° La subordination des lois votées par le
parlement à cette double condition : qu'elles
seront acceptées par les deux tiers au moins
des assemblées provinciales, et qu'elles ne seront pas déclarées, par la haute cour de justice,
contraires à la loi suprême.

6° Une forte organisation de la justice, entourée de respect et d'affection.

Les cours inférieures jugent sans déplace-
ment, sans délais, et presque sans frais ; elles
recrutent leur personnel non rétribué parmi
les notabilités locales désignées par l'opinion
publique au choix du souverain.

Une haute cour, puissante et respectée, oppose une digue solide à l'arbitraire, tant au
dedans qu'au dehors ; elle conjure l'oppression
intérieure des majorités, l'oubli ou la violation
de la loi suprême, et du droit des gens ; elle
contribue, en un mot, à la paix internationale
et à la légalité, sans laquelle un gouvernement

[14] *Les Principes du droit électoral, d'après le droit
pontifical et les anciennes coutumes*, par M. Defourny,
curé de Beaumont-en-Argonne (Bar-le-Duc, 1874).

ne peut se soutenir et durer : *Non, nisi justitia, et summa justitia, potest stare respublica.*

Tels sont, Monsieur, les principes essentiels, qui me semblent établis par l'étude des plus saines traditions du passé et des meilleurs modèles du présent, c'est-à-dire par la méthode même des Unions de la paix sociale. Puissent les études inspirées par cette méthode dissiper les ténèbres qui nous envahissent et conjurer les dangers qui menacent non-seulement votre chère patrie, mais encore, quoique à un degré moindre, l'Europe tout entière.

Recevez, Monsieur, je vous prie, l'expression de mon respectueux dévouement.

H.-A. MUNRO BUTLER JOHNSTONE.

RÉPONSE DE M. F. LE PLAY

A. M. H.-A. MUNRO BUTLER JOHNSTONE

Paris, 1er juillet 1876.

MONSIEUR,

Je connaissais par mes amis d'Angleterre vos
succès à l'université d'Oxford, vos voyages sur
le Continent, vos fortes études sur les questions européennes, votre rôle au parlement, où,
jeune encore, vous avez su conquérir une situation distinguée. J'ai donc conçu le dessein de
continuer auprès de vous l'enquête commencée
auprès de lord Denbigh, pair d'Angleterre, et
de lord R. Montagu, membre de la chambre des
communes [1]. Je vous ai prié de me faire con-
naître vos vues sur les principes et les institutions qui peuvent arrêter l'Europe et en particulier la France sur une pente dangereuse. Mes
amis de France, en lisant votre lettre du 1er mai,

---

[1] *Les Unions de la paix sociale :* Correspondance n° 5.

me félicitent d'avoir fait ainsi violence à votre
modestie ; et je viens, en leur nom et au mien,
vous adresser l'expression de notre vive gra-
titude. Je suis touché de la bienveillance qui
vous porte à nous instruire en faisant usage de
notre langue. L'expression claire et originale
de votre pensée nous montre que cette langue
est moins déchue que le milieu social où elle est
née. En méditant vos enseignements, nos lettrés
comprendront qu'ils ont un sûr moyen de reprendre en Europe le rang qu'avaient conquis
nos ancêtres du XVIIᵉ siècle (Voir Pièce V) :
c'est de renier les faux dogmes de 1789, puis,
à votre exemple, de donner pour base à leurs
écrits l'expérience fécondée par la raison.

Une conviction qui perce dans toute votre
correspondance m'apporte un bonheur qui depuis 1870 ne me vient plus guère de l'étranger.
Vous êtes persuadé que l'intérêt de votre patrie
est intimement lié au relèvement de la mienne :
et, à ce point de vue, vous ne me refusez aucun
des concours que je vous demande. Nos conférences de Paris m'ont d'ailleurs fourni l'occasion de comprendre que les préoccupations
suggérées par votre dévouement à l'Angleterre
n'excluent pas un intérêt affectueux pour la
France. A cet égard j'ai été heureux de retrouver, dans nos rapports récents, la communauté

d'aspirations qui m'unit, depuis 1838, à notre ami commun M. Urquhart. Un de ces poëtes latins qui vous sont familiers a exprimé la satisfaction égoïste qu'on éprouve à voir, du rivage, un navire battu par la tempête [2]. Ce sentiment n'est ni le vôtre, ni celui de vos concitoyens. Vous pensez d'ailleurs que la France grande et forte, éclairée par des malheurs inouïs, travaillerait utilement à détruire les erreurs qui tarissent maintenant, en Europe, les sources de la paix sociale. Vous savez aussi que les grandes tempêtes ne concentrent pas leurs ravages dans une seule localité, qu'elles traversent les détroits et désolent les rives qui, la veille, semblaient être sûres. Grâce aux nouveaux véhicules de la pensée, aucun peuple ne saurait se désintéresser des phénomènes de bien ou de mal que fait éclore, chez un peuple voisin, le développement de la vérité ou de l'erreur. La France ne peut donc être un objet d'indifférence pour les autres nations. Malgré ses malheurs, elle conserve quelque chose de son ancienne force de rayonnement : torche ou flambeau, elle peut encore incendier ou éclairer l'Europe.

Tous les Européens sont plus ou moins res-

---

[2] Lucrèce, *De rerum natura*, II, 1 à 4.

ponsables de la corruption qui désole aujourd'hui leur continent. Au xviiie siècle, les Allemands et les Anglais[3] ont inoculé l'erreur à nos ancêtres, qui depuis lors ont exercé à leur tour cette funeste propagande. Aujourd'hui nos Unions ont reconnu la faute que nos pères ont commise en n'imitant qu'à moitié leurs voisins : en ne s'empressant point comme eux de repousser l'erreur dès que les terribles conséquences qu'elle produisait furent devenues manifestes. Elles voudraient, enfin, guérir un mal trop négligé, et s'éclairer, à cet effet, de toutes les lumières contemporaines : c'est ce motif qui nous porte à attacher un haut prix à votre concours. En ce qui me concerne, je n'ai rien négligé pour signaler à mes concitoyens la part que la France a prise à la décadence morale des trois derniers siècles.

Pendant le moyen âge, jusqu'au xvie siècle, l'Europe occidentale, comparée au reste du monde, a trouvé les éléments d'une incontestable supériorité dans la nature de son territoire et surtout dans la tradition de ses races. Subdivisées en une multitude de nations indépendantes, soumises au Décalogue éternel et rendant le même culte à Dieu, ces races étaient

---

[3] *Unions de la paix sociale :* Correspondance n° 2 : Pièce I, 4.

unies par un puissant intérêt, la résistance aux envahissements de l'islamisme. Cette résistance donnait un utile emploi à la surabondance de force qui distingue les peuples prospères dans la vie internationale, comme la jeunesse de chaque race dans la vie privée. Les grandes nations avaient alors un moyen légitime d'établir leur prépondérance : c'était de pourvoir mieux que leurs émules aux besoins de la défense commune.

Cet état de choses a changé et se modifie encore plus que jamais. La multiplicité des cultes entretient des haines dans les âmes les plus dévouées au bien. Ce triste spectacle fournit à des novateurs imprudents ou perfides un prétexte pour se révolter contre toutes les religions, contre le Décalogue et contre Dieu lui-même. Sous cette influence, l'amour désordonné des richesses rompt de plus en plus les liens qui attachaient précédemment le maître à l'ouvrier et, en général, le riche au pauvre ; en sorte que l'antagonisme social devient le trait distinctif des peuples qui l'emportent sur les autres par leur activité matérielle. Les discordes internationales se développent autant que celles qui divisent les classes de chaque race. Les grandes nations, loin de protéger les petites, s'appliquent maintenant à les opprimer ou à les conquérir ;

et elles détruisent ainsi en Europe les plus solides réserves de vertu. Les monarques victorieux ont presque toujours abusé de leur pouvoir : En France notamment, Louis XIV et
Napoléon Ier n'ont que trop justifié ce triste
enseignement de l'histoire. Quant aux vaincus,
ils n'ont guère songé qu'à la vengeance. Les
Européens ont maintenant à réagir contre ces
sentiments antichrétiens. Les Français, comme
derniers vaincus, doivent repousser toute pensée de revanche. Les puissants du jour doivent
se contenter de leurs succès au sein de la chré-
tienté, et, autant qu'il dépend d'eux, réprimer
les intrigues qui minent actuellement la puissance des Turcs. Travaillés par l'abus des richesses et par les discordes intestines qui en
dérivent, les peuples chrétiens ont intérêt à
conjurer les guerres tendant à rejeter hors de
l'Europe la race qui a su maintenir chez elle
l'entente nécessaire du riche et du pauvre [1].

Ayant été conduit à rappeler incidemment
que John Locke, David Hume, Bolingbroke et,
en dernier lieu, Adam Smith importèrent en
France les erreurs d'où est sortie notre souffrance actuelle, j'ai le devoir de remonter à l'é-

[1] *Les Ouvriers européens*, 2º édition, tome II, VI : Le
Forgeron bulgare des usines à fer de Samakowa, 13, 17
et 18.

poque où une intervention de l'Angleterre fut pour la France un moyen de guérison. En 1589, la reine Élisabeth aida Henri IV à compléter la victoire de la vallée d'Arques : elle concourut ainsi au salut de la France, qui fut, bientôt après, accompli par la conversion du roi. Aujourd'hui le mal, non moins dangereux, réclame d'autres remèdes. Vous contribuez à notre salut, non plus par des subsides et des soldats, mais par des avis et des exemples. Le service rendu à trois siècles de distance aura été différent; notre reconnaissance sera la même.

J'ai communiqué votre lettre aux membres des Unions locales qui m'ont visité depuis deux mois; et je les ai consultés sur le meilleur moyen de mettre à profit le secours qu'elle nous apporte. Tous ont été d'avis que cette lettre complétait et fortifiait les conclusions déduites des faits réunis dans notre Bibliothèque de la paix sociale, et qu'il serait fort utile de la joindre à nos publications.

Le Comité qui dirige cette Bibliothèque a lui-même partagé cet avis; et, au moment même où on nous le donnait, le moyen de publication était trouvé. Chaque jour, en effet, on nous demande un Programme social auquel pourraient se rallier les gens de bien paralysés depuis cinq ans par les discordes politiques. Ce Programme est achevé : votre lettre lui servira d'Introduction; et elle remplacera avec grand avantage un Avertissement dont je conserve seulement ici quelques paragraphes.

Le Programme qui est l'objet spécial de cet ouvrage signale les idées, les mœurs et les institutions qui se recommandent par les résultats mêmes qu'elles ont toujours produits. Les sociétés qui se sont établies sur ces fondements ont prospéré; celles qui les ont ébranlés ont souffert; celles qui les ont détruits systématiquement ont péri. L'Europe est décidément entrée dans une époque d'ébranlement. Les grandes nations qui n'ont point encore porté atteinte à leurs institutions fondamentales, sont tout au moins frappées dans leurs idées par la propagande active de l'erreur. Le Programme est rédigé en vue de cette situation; il rappelle les vrais éléments de prospérité à ceux qui s'engagent dans la fausse voie des inventions sociales; il enseigne à ceux qui ont déjà perdu quelques-uns de ces éléments la méthode la plus propre à en assurer la restauration. Nous ne donnons qu'un court précis des faits exposés dans la Bibliothèque, mais nous y renvoyons le lecteur pour les détails les plus importants. Nous pensons cependant que ceux mêmes qui connaissent cette Bibliothèque approuveront que

certains développements aient été ajoutés ici à
l'indication des faits fondamentaux. Notre pré-
occupation principale est de rattacher à un commun effort les hommes qui, dans toutes les
régions de l'Europe, veulent améliorer et non
détruire l'ordre traditionnel des sociétés. Dans
ce travail, nous avons surtout en vue ceux qui
en France sont désignés assez improprement
sous le nom de « conservateurs ».

Pour atteindre ce but, nous croyons devoir
nous conformer à deux règles : éviter tout ce
qui pourrait envenimer les dissensions nationales, religieuses et politiques, c'est-à-dire la
plaie vive de l'époque actuelle; montrer l'importance prépondérante des grandes questions
sociales que tous les hommes de tradition ont le
devoir de résoudre en commun. Nous recom-
mandons les solutions qui ont toujours assuré
aux sociétés le bonheur dont la paix sociale est
le symptôme le plus apparent; mais, pour démontrer qu'elles sont aussi nécessaires que jamais, nous avons soin d'indiquer d'abord la
principale cause qui, de nos jours, engendre
le malheur et l'antagonisme. Au surplus, en ce
qui touche la nature et l'étendue des sujets
traités, nous comptons sur les conseils récla-
més par la Pièce V annexée à cet ouvrage. Nous
mettrons à profit, dans les éditions suivantes,

toute observation indiquant le moyen de mieux atteindre le but que nous nous sommes proposé.

Le mal actuel de l'Europe n'est pas dû seulement aux vices sensuels qui désolent l'humanité depuis les premiers âges de l'histoire : il dérive surtout de l'orgueil surexcité par les conquêtes spéciales de notre temps. Les sciences vouées à l'étude du monde physique transforment maintenant avec succès les coutumes qui présidaient autrefois à l'action que les hommes exercent sur les choses. Des esprits peu versés dans la culture de ces sciences se sont exagéré la conséquence de cette transformation : ils y ont vu le moyen de remplacer les lois morales qui, dans les sociétés heureuses, ont toujours réglé les rapports mutuels des hommes. Il s'est donc créé de nos jours une classe de lettrés qui s'appliquent à propager cette idée préconçue et, par suite, à détruire les institutions traditionnelles de tous les peuples prospères. Ainsi, par exemple, les lettrés allemands, au nom desquels a parlé M. Louis Büchner, affirment que la nécessité de cette destruction est dès à présent démontrée. Les diverses variétés de leur école, sous les noms de naturalisme, de matérialisme et de nihilisme, se propagent surtout vers l'Orient : elles enseignent que les sociétés progressives feront désormais abstraction non-seulement des

principes de moralité, mais encore des simples
notions d'utilité [5]. Ceux dont M. Herbert Spencer
est l'interprète en Angleterre s'avancent dans
la même voie avec plus de prudence. Sous la
bannière du positivisme et de l'évolutionisme,
ils prennent pied dans l'Occident et aux États-
Unis. Ils considèrent comme surannées les institutions vouées depuis les premiers âges à la
culture des vérités morales. Ils annoncent l'a-
brogation infaillible de ces institutions ; mais ils
violent constamment la première règle de la
méthode expérimentale dont ils prétendent s'inspirer. Loin de fonder leur enseignement sur
les admirables exemples de bonheur que nous
offre le passé, ils s'appliquent surtout à tracer
des tableaux attrayants de l'avenir. Leur thèse
habituelle est l'affirmation du « progrès qui s'ac-
complira » dans les phénomènes sociaux que le
bon sens public subordonnait jusqu'à présent
à la loi morale. Ils reviennent sans cesse avec
prédilection sur les inventions faites depuis un
siècle dans les domaines de la matière et de l'intelligence, sans jamais mentionner les maux
qu'elles ont produits. L'un des arguments fa-
voris qu'emploient les lettrés de cette classe

[5] *Force et Matière*, par Louis Büchner. Paris, 1865 ;
1 vol. in-8° ; pages 257, 265 et 266. Cité dans la *Constitution de l'Angleterre*, tome II, p. 294.

pour prédire une transformation radicale des sociétés, se fonde sur la supériorité de la machine qui imprime leurs livres, comparée au mécanisme grossier qu'employèrent au xv° siècle les premiers imprimeurs. Les nouveaux lettrés allemands et anglais déploient dans cette direction beaucoup d'activité, parce qu'ils croient à la nécessité de détruire les institutions traditionnelles qui restent en vigueur dans leur pays. Les lettrés français des mêmes écoles qui ont accompli en 1789, avec un appareil moins scientifique, la majeure partie de cette destruction, se bornent aujourd'hui à en réclamer l'achèvement. L'attaque contre les dernières institutions traditionnelles est loin d'être aussi savante, mais la résistance qu'elles opposent est singulièrement affaiblie par le succès même des attaques antérieures. C'est seulement en France que la vraie citadelle de l'ordre social est compromise : depuis 1789, toutes les approches ont été successivement enlevées par la violence mise au service de l'erreur; il ne reste plus qu'à trouver l'occasion d'un dernier coup de main. Le contraste qui règne sous ce rapport entre notre malheureux pays et le reste du monde, nous a imposé le titre de notre Programme : chez toutes les grandes nations européennes les esprits droits dévoués à la patrie n'ont qu'à entreprendre à loisir une œuvre de réforme; en France, sous peine de laisser le champ libre aux derniers démolisseurs, ils doivent aborder sans délai l'œuvre suprême du salut.

Le Programme qui suit est rédigé en vue de cette condition des sociétés modernes. Avant d'exposer la méthode de réforme et les meilleures solutions sociales qui font l'objet des quatre derniers chapitres, il réfute les idées préconçues qui viennent d'être indiquées. Le chapitre premier les combat en se référant aux aberrations et aux calamités que la France a sous les yeux : aux livres qui, à l'exemple du *Contrat social*, fondent leurs inventions sur un fait absolument faux; aux inscriptions mensongères qui, depuis le 4 septembre 1870, se retrouvent sur nos monuments publics; enfin aux sanglantes catastrophes que ramène invariablement chaque révolution nouvelle. Ce chapitre est fort court. En effet, pour réfuter la fausse conception qui attribue aux nouveau-nés une perfection originelle, c'est-à-dire pour réduire à néant le principe générateur des aberrations contemporaines, il n'est nullement nécessaire de déployer une science spéciale. A toutes les fausses sciences, en *isme*, de notre époque, il suffit d'opposer « un fait », d'une évidence irrésistible, même pour les intelligences les moins cultivées. Si, à défaut d'un meilleur moyen d'information, le présent Programme propageait au loin la notion du péril social, il susciterait partout à cet égard des témoins compétents. Ainsi, par exemple, les hommes qui dirigent les ateliers de travail, grands ou petits, savent se garder, en ce qui touche les faits sociaux, des erreurs où tombent tant de lettrés qui ignorent les choses dont ils parlent. Dans les arts usuels réputés les plus utiles et surtout en agriculture, les chefs qui font régner autour d'eux le bien-être et la paix, seront unanimes à condamner le faux principe avec les idées préconçues qu'on en déduit pour les ériger en dogmes.

Si, grâce aux critiques et aux conseils du public, le Programme des Unions atteignait, dans les éditions suivantes, un degré suffisant de perfection, un grand résultat pourrait être promptement obtenu. Apercevant le péril social qui menace l'Europe entière, les hommes dévoués à la réforme se concerteraient avec le Comité pour traduire ce petit livre dans toutes les langues. Les hommes qui concentrent leurs préoccupations dans leurs ateliers de travail, sans prendre souci des aberrations que propagent les lettrés, seraient à leur tour avertis du danger. Ils se constitueraient bientôt en Unions indépendantes; et, de chaque centre local, ils répandraient les vérités essentielles dans leurs voisinages. Enfin, quand le péril se rapprocherait d'eux, ils mettraient en lumière, par leurs propres exemples, l'ignorance des faux maîtres. C'est ainsi que les vraies Autorités sociales, appuyées sur leur expérience personnelle, pourraient provoquer sûrement « la réforme en Europe et le salut en France ».

L'opportunité de ce Programme et l'œuvre des Unions reposent sur l'opinion qu'il est possible de réformer l'Europe et de sauver la France. Or c'est ce que nient devant moi les hommes découragés par le renversement des gouvernements déchus. Ils attribuent à une fatalité irrésistible le mal produit par leurs erreurs ou leur impuissance. « On ne remonte pas le courant, » disent-ils; « on ne saurait se méprendre sur le sort que nous réservent le succès actuel des hommes de nouveauté et les échecs réitérés des hommes de tradition. » D'ailleurs, ajoutent quelques-uns, « la science » fortifie ce mouvement, car elle sape par ses découvertes journalières le fondement des sociétés anciennes. Ce sont précisément ces faux axiomes qui justifient l'opportunité de notre œuvre, c'est-à-dire de la « science expérimentale » fondée sur l'étude du passé et l'observation du présent.

Je ne saurais trop insister sur les obligations qui s'imposent aux amis de la vérité devant l'empire actuel de ces erreurs. La tradition de la paix sociale, discréditée depuis 1789 par la corruption et la violence des gouvernants, se perd depuis 1830 [b] chez les générations que la révolution a formées. Les lettrés usurpent l'action dirigeante exercée depuis quarante siècles par les propriétaires des ateliers de travail. Secondés par les légistes, mettant à profit les contraintes légales que la Terreur a édictées au mépris de la loi suprême, ils achèvent sous nos yeux l'œuvre de destruction. Il n'est donc plus possible de se méprendre ni sur la cause ni sur le remède du mal. La méthode de réforme peut être mise en complète lumière ; et, si les hommes de tradition font leur devoir, la réforme elle-même ne se fera pas attendre. Pour les plus responsables, c'est-à-dire pour ceux qui possèdent les ateliers de travail, ce devoir commande quatre actes principaux : 1º avant tout déclarer hautement, par un solennel *meâ culpâ*, les fautes du passé ; 2º résider sur l'atelier de famille et en diriger les travaux ; 3º y former un

[b] Pendant l'hiver de 1829-1830, j'ai constaté dans la plupart des ateliers parisiens, entre le patron et les ouvriers, une harmonie comparable à celle que je venais d'admirer dans les mines, les usines et les fermes du Hanovre.

héritier digne des ancêtres; 4º enseigner par l'exemple et rappeler par le testament à l'héritier qu'il a le devoir de concourir au bien-être de ses ouvriers, comme à celui de ses propres enfants.

En terminant cette réponse, j'ose encore vous demander, Monsieur, de compléter par un nouveau service ceux que vous avez déjà rendus, dans ce temps d'erreur, à la cause de la vérité. Je vous prie de me donner votre avis sur les améliorations qui rendraient une deuxième édition de notre petit livre digne d'être publiée, dans votre langue, par l'Union anglaise de la paix sociale.

Veuillez agréer, Monsieur, avec une nouvelle expression de notre reconnaissance pour votre précieux enseignement, l'assurance de mes sentiments de haute estime.

F. Le Play.

LE
PROGRAMME DES UNIONS
DE LA PAIX SOCIALE

SOMMAIRE
DU PROGRAMME DES UNIONS

—

CHAPITRE Ier

LE FAUX PRINCIPE DE 1789 ET SES CONSÉQUENCES LOGIQUES

CHAPITRE II

LA MÉTHODE DE LA RÉFORME ET DU SALUT

CHAPITRE III

LA PAIX DANS LA VIE PRIVÉE

CHAPITRE IV

LE PRINCIPE DE PAIX DANS LA VIE PUBLIQUE

CHAPITRE V

LES MÉCANISMES DE PAIX DANS LE GOUVERNEMENT

LE
PROGRAMME DES UNIONS

CHAPITRE Ier

LE FAUX PRINCIPE DE 1789 ET SES CONSÉQUENCES LOGIQUES

---

§ 1er. — LES FAUX DOGMES DE 1789, SOURCE
DE NOS RÉVOLUTIONS

Depuis 1789, la constitution sociale de la France a subi onze transformations, opérées par des-procédés plus ou moins violents. C'est en moyenne une révolution tous les huit ans ; ou, pour mieux dire, c'est la révolution en permanence. Quelques succès, dus aux forces accumulées sous les régimes antérieurs, ont pu masquer d'abord les inévitables conséquences d'une telle instabilité. Mais à ces prospérités éphémères ont définitivement succédé des catastrophes inouïes. La perte de nos frontières du XVIIe siècle a clos l'ère des illusions, et la vérité nous apparaît dans tout son jour.

En sortant de leurs voies traditionnelles, nos pères se sont acharnés à la création d'un régime sans précédents; ils ont voulu résoudre à tout prix un problème insoluble. Ces vains efforts eurent leur source dans les fausses doctrines, qui ont empoisonné la fin du dernier siècle, et qui avaient trouvé leur principale formule dans le *Contrat social* de J.-J. Rousseau [1].

La plus grave et la plus dangereuse de ces erreurs, la véritable mère de nos révolutions est le faux principe que prétendirent mettre en pratique les novateurs de 1789, celui qui affirme la perfection originelle [2]. Selon les adeptes de cette nouveauté, l'enfant serait naturellement porté au bien, et n'aurait qu'à suivre ses inclinations pour être bon et vertueux. La société, ainsi composée d'hommes « de la nature », jouirait sans effort de la paix et du bonheur, qui seraient comme les fruits spontanés de toute société libre. Dès lors, pour les hommes imbus de cette erreur, le mal dont les ravages ont toujours été apparents, même parmi les peuples prospères, serait uniquement imputable aux institutions coercitives, qui, depuis les premiers âges, ont sans cesse changé et contrarié les tendances naturelles de l'humanité

Nos pères, on a peine à le comprendre, se

[1] *La Paix sociale après le désastre,* II, 2. == [2] *La Réforme sociale,* 5ᵉ édition, 2, III; 4, I; 28, IV.

sont passionnés pour cette fausse conception sur la nature humaine; et, en cela, ils se sont mis en contradiction formelle avec l'expérience de tous les temps. La plus grossière des nourrices, comme la plus perspicace des mères, peut voir à chaque instant que la propension au mal est prédominante chez le jeune enfant. Les grands penseurs qui ont observé personnellement l'enfance, sont arrivés à la même conclusion[3]. Enfin tous les maîtres qui ont formé des hommes éminents n'ont réussi qu'en réprimant, avec une constante sollicitude, les inclinations vicieuses de leurs élèves.

Quand la perfection originelle est admise comme un fait, malgré l'évidence et la raison, la logique en fait découler, comme d'une source impure, plusieurs faux dogmes d'où sont sortis les fléaux déchaînés par la révolution française, et l'abaissement actuel de notre patrie[4]. En effet, si les individus naissaient en état de perfection, on commettrait un attentat contre l'ordre naturel en restreignant leur liberté; on violerait la justice en tolérant l'inégalité des conditions; enfin partout où ces deux abus sont

[3] Saint Augustin, *Confessions*, I, VII, 19; cité *Réforme sociale* (5° édition), 28, IV. == [4] *La Réforme sociale*, 64, III. — *Correspondance* n° 4, Pièce I, chap. 1ᵉʳ. — *Correspondance* n° 5, Pièce I, 3 à 6.

consacrés par les institutions, les hommes de cœur, les bons citoyens auraient non-seulement le droit, mais encore le devoir de se révolter contre elles. En commençant par nier le vice originel, les promoteurs de la révolution ont été amenés ainsi à prendre en haine tout frein qui gênait leurs penchants, et à mépriser toute coutume, par cela seul qu'elle avait duré. Pour ces novateurs, impatients de toute règle, repoussant du pied le passé pour s'élancer dans l'avenir, plus une tradition était vénérable, plus elle était oppressive, et plus il fallait se hâter de la détruire. Aucune conquête sur les autorités traditionnelles n'a pu les satisfaire et les désarmer. Il s'est toujours trouvé parmi eux des hommes plus ardents que leurs prédécesseurs, prêts à tenter de nouvelles usurpations et à revendiquer, comme des biens absolus, « la liberté systématique, l'égalité provi-« dentielle et le droit de révolte. »

En résumé, la croyance à la perfection originelle de l'enfant a rapidement affaibli les forces morales de notre race. Elle lui a fait perdre, dans le cours d'une génération, le rang qu'elle avait occupé à la tête de l'Europe jusqu'en 1789. Depuis lors, les faux dogmes ont continué leur œuvre funeste ; ils ont paralysé tous les efforts d'un peuple intelligent et laborieux ; en 1871,

ils ont fait de la France la plus malheureuse
des nations.

§ 2. LE DÉCALOGUE ÉTERNEL, SOURCE DE LA PAIX SOCIALE

A tous les âges de l'histoire, certaines nations
ont su se préserver des erreurs qui viennent
d'être énoncées, et dès lors échapper aux maux
que ces erreurs entraînent inévitablement à
leur suite. S'inspirant de l'évidence, elles ont
admis que l'homme est enclin à la fois au bien
et au mal; qu'il diffère des autres êtres de la
création par la possession du libre arbitre;
qu'enfin il s'élève au-dessus d'eux, quand il fait
de cette liberté un judicieux usage. Elles ont
cru en outre que Dieu, « qui a donné des lois
« aux sociétés de fourmis et d'abeilles [1] », n'a-
vait pas fait moins pour les sociétés humaines
et ne les avait pas livrées au hasard de leurs
inventions. Elles se sont donc inclinées devant
le Décalogue, comme devant la loi suprême de
l'humanité [2]. Elles lui ont demandé leurs mœurs,
leurs coutumes, et au besoin leurs règlements
législatifs. En récompense de cette soumission
à la loi divine, elles ont toujours reçu deux

[1] De Bonald. == [2] *L'Annuaire de l'Union pour l'an
1875*, livre II. — Voir, ci-après, Pièce I.

grands bienfaits : la paix sociale et la stabilité du bien-être. Les nations prépondérantes de notre époque doivent encore leur prospérité à la conservation des mêmes croyances [3].

§ 3. LES UNIONS DE LA PAIX SOCIALE ET LE COMITÉ DE LA BIBLIOTHÈQUE

En juin 1848, quelques hommes conçurent le dessein de rappeler ces faits à leurs compatriotes, pour les arracher à l'erreur et pour conjurer le retour des catastrophes qui, pendant trois longues journées, venaient d'ensanglanter Paris. Trop peu écoutés par la nation aux époques de prospérité matérielle, ils se multiplièrent chaque fois que survenait une nouvelle calamité. Aujourd'hui ils sont au nombre d'un millier. Malgré les discordes qui divisent l'Occident, ils ont trouvé deux moyens d'harmonie qui triomphent peu à peu des résistances qu'opposent d'abord les souvenirs du passé. Ils offrent comme drapeau le Décalogue, autour duquel toutes les races ont prospéré. Ils signalent la paix sociale comme le plus sûr criterium qu'elles puissent adopter pour distinguer le bien d'avec le mal. Les étrangers, comme les Français, adoptent

---

[3] *La Constitution de l'Angleterre*, II, vii; IV, i; X, vi.

ce drapeau et ce criterium. Déjà deux groupes de Belges et d'Anglais en font usage pour combattre, soit chez eux, soit au dehors, les désordres sociaux qui, ayant pris naissance en Occident, se propagent de proche en proche vers le Nord et l'Orient.

En France, les hommes qui veulent rendre la paix aux esprits forment environ trente « Unions locales », de dix à vingt personnes [4]. Chacune de ces Unions est indépendante des autres; mais toutes se soumettent à une obligation commune : se conformer à « la méthode scientifique ou expérimentale », c'est-à-dire substituer la description des faits vérifiés à l'affirmation des idées préconçues, et mettre ainsi en lumière les plus solides vérités, celles que fournit l'observation. Les membres de chaque Union locale s'en occupent pendant les loisirs laissés par les devoirs de la famille et de la profession. Quand l'occasion s'en présente, ils propagent la connaissance des faits sociaux dans les cercles de la parenté et de l'amitié. Jusqu'à ce jour, même les plus zélés d'entre eux se bornent à se grouper par « salons de paix sociale », et ils ont renoncé à toute pensée de constituer quelque nouvelle forme d'académie. Tout en se vouant à des pro-

[4] Voir, pour plus de détails, les Unions de la paix sociale, *Correspondance* nᵒ 7, 2ᵉ édition.

pagandes indiv duelles et locales, ils reconnaissent l'utilité d'associations centrales ayant pour objet d'observer méthodiquement et de décrire les faits sociaux qui établissent la distinction du bien et du mal. Mais ils savent que cette mission est déjà remplie par « la Société des études pratiques d'économie sociale », fondée à Paris en 1856, érigée en établissement d'utilité publique par décret du 15 mai 1869[5].

Depuis 1855, quelques hommes se dévouent à publier, dans une suite d'ouvrages, les faits qui réfutent par la force de l'évidence les erreurs révolutionnaires et les conséquences qui en dérivent. Cette collection constitue aujourd'hui « la Bibliothèque de la paix sociale[6] ». Les créateurs de cette bibliothèque profitent autant qu'il dépend d'eux des lumières propres aux Unions locales ; mais ils jouissent, comme ces dernières, d'une complète indépendance. Ils ont seuls la responsabilité des livres qu'ils publient. Ils s'interdisent tout profit sur la vente de ces livres ; et jusqu'à présent ils les ont livrés aux Unions locales au-dessous du prix de revient. Lorsque des hommes éminents, dévoués à l'œuvre de la

---

[5] Voir à ce sujet : *Bulletin des séances de la Société d'Économie sociale*, t. IV, p. 874 et suiv. — *La Réforme sociale*, Document B. — *La Constitution de l'Angleterre*, Pièce VII. == [6] Voir, ci-après, la Pièce VI.

paix sociale, réclament leur opinion dans quelque circonstance importante, les propriétaires de la Bibliothèque font appel aux amis qui sont le plus aptes à les seconder et qui connaissent le mieux les faits constatés jusqu'à ce jour par les travaux des Unions. Un comité de ce genre a été formé pour rédiger le Programme réclamé par les deux lettres qui en forment l'introduction. En remplissant cette mission, le Comité de la Bibliothèque a voulu appliquer la méthode au rétablissement de la paix dans les esprits; il a écarté toute opinion préconçue; il a évité tout débat sur les questions nationales, politiques et religieuses, qui passionnent aujourd'hui la discussion; il s'est ainsi placé dans des conditions d'impartialité. Il subordonne ses travaux à un devoir impérieux, à un but suprême : unir tous les hommes qui prennent la vérité pour règle de leurs pensées, pour mobile de leurs actions.

Le Comité ne voit assurément dans ce travail qu'une première ébauche [7]; et il réclame, pour l'améliorer, la critique des Unions locales et

---

[7] Ce moyen d'arriver progressivement à la vérité a été dès le XVIIe siècle pratiqué par nos ancêtres : « Il est à dé- « sirer qu'on ne considère les premières éditions d'un livre « que comme des essais, que ceux qui en sont les auteurs « proposent aux personnes de lettres, pour en apprendre

celle des observateurs qui se soumettent à la méthode expérimentale. Cependant ce Programme est le fruit de nombreuses observations. Il expose brièvement, sous une forme nouvelle, beaucoup de faits dont la connaissance n'est pas suffisamment répandue dans le public. Il semble donc arriver à son heure, dans un temps où, comme on l'a dit, il est plus difficile d'être éclairé sur son devoir que de l'accomplir quand il est connu. L'erreur, en effet, nous entoure et nous envahit; et il importe avant tout, non pas de susciter les dévouements qui abondent, mais de les amener dans la voie où ils pourront eux-mêmes se diriger sûrement vers la vérité. Telle est la tâche qu'abordent aujourd'hui et qu'accompliront bientôt partout les Unions de la paix sociale. Réparties sur la surface entière du territoire, elles y rempliront le rôle de ces petits fanaux qu'on multiplie sur les rivages semés d'écueils. Elles attireront au foyer d'enseignement fourni par la Bibliothèque beaucoup de gens de bien qui s'égarent aujourd'hui dans des sentiers divergents ou sans issue.

« leurs sentiments, et qu'ensuite, sur les différentes vues
« que leur donneront ces différentes pensées, ils y tra-
« vaillent tout de nouveau, pour mettre leurs ouvrages
« dans la perfection où ils sont capables de les porter. »
— Voir, Pièce V, une citation plus complète.

CHAPITRE II

LA MÉTHODE DE LA RÉFORME ET DU SALUT

§ 1er. DANGER DE LA MÉTHODE D'INVENTION FONDÉE
SUR LES IDÉES PRÉCONÇUES

Depuis quatre-vingts ans, la France s'est successivement donné dix-neuf constitutions qui, malgré leur profonde dissemblance, se sont toutes ressemblé par leur commune fragilité. Les unes ont duré quelques semaines, les autres quelques années, c'est-à-dire à peine un jour dans la vie d'un peuple. Toutes jonchent aujourd'hui de leurs débris notre sol profondément remué par les révolutions.

L'instabilité déplorable dont nous souffrons n'est pas seulement imputable, comme le déclarent les auteurs de chaque révolution, aux principes et aux hommes du gouvernement qu'ils renversent; car, malgré leurs contrastes, ces principes et ces hommes ont tous succombé à leur tour. Elle a sa source dans les idées et les mœurs, c'est-à-dire dans le corps même de la nation[1]. C'est là, non ailleurs, qu'il faut surtout la chercher pour la combattre.

Le problème social ne consiste pas dans la rédaction plus ou moins savante d'une constitution écrite nommée « charte ». On entreprend une tâche impossible, lorsque l'on veut renfermer dans une telle formule les phénomènes compliqués et innombrables qui constituent la vie d'une nation. Comment, en effet, un texte quelconque pourrait-il définir ou seulement énumérer les droits et les devoirs, équilibrer exactement les intérêts, les contrôles et les garanties? Ce genre d'entreprises a beaucoup occupé, à la fin du siècle dernier, les lettrés épris de l'absolu ou de certaines idées préconçues; elle a même fait la réputation d'une classe d'écrivains qu'on pourrait appeler des algébristes politiques[2]; mais, au fond, c'est une œuvre aussi

---

[1] *La Paix sociale après le désastre*, II, 6, 7. — *Correspondance* n° 1: Lettre de M. le comte de Butenval. ═
[2] Siéyès avait le plus profond dédain pour l'histoire; et il disait : « Les prétendues vérités historiques n'ont pas « plus de réalité que les prétendues vérités religieuses. » La politique était pour lui une science qu'il croyait avoir achevée du premier coup, par un effort de tête, de même que Descartes avait trouvé la géométrie analytique. Destutt

vaine que la recherche de la quadrature du cercle ou du mouvement perpétuel. La meilleure et la plus vivante partie de la constitution d'un peuple est celle qui réside dans l'œuvre journalière des sentiments et des intérêts, notamment dans les ateliers de travail qui forment le principal domaine de la vie privée.

C'est ainsi que s'est progressivement formée, dans le passé, la constitution de l'Angleterre[3]. Des institutions qui honorent l'époque actuelle se sont greffées peu à peu sur des mœurs qu'on peut reprocher au passé ; et plusieurs anciennes institutions, qui nous semblent draconiennes et qui n'ont point été formellement abrogées, n'ont pas empêché, grâce à l'empire progressif de la coutume, les excellentes mœurs qu'on voit aujourd'hui en action[4].

Suivant le mot profond de Burke, « les con-« stitutions ne naissent pas toutes faites : elles « croissent. » En complétant cette image, on

de Tracy, voulant commenter Montesquieu, découvre que ce grand écrivain s'est trop servilement attaché à l'histoire, et il refait l'ouvrage en construisant la société qui doit être, au lieu de regarder la société qui est. (Taine, *l'Ancien Régime*, p. 264.)

[3] *La Constitution de l'Angleterre*, XI, III. — [4] Voir en ce qui touche, par exemple, le régime de la presse en Angleterre et en France, *la Réforme sociale*, 54, XXI ; 62, XVI.

peut dire que la séve déserte certaines branches qui se dessèchent, pour se porter sur d'autres branches qu'elle développe et vivifie. Mais c'est toujours l'arbre qui abrita les aïeux.

Selon l'enseignement des meilleurs modèles, il n'y a donc ni intérêt ni profit à soulever le difficile et irritant problème d'une nouvelle constitution. Ce qui importe, c'est de faire d'abord bon usage de celle qu'on a. On peut d'ailleurs en modifier certaines parties, soit pour se rapprocher de la loi suprême, soit pour se conformer aux changements survenus dans la condition des hommes ou la nature des lieux; mais il faut bien se garder de créer, de toutes pièces, une constitution écrite. Conformément à cette règle de conduite, la constitution qui nous régit maintenant, celle du 25 février 1875, est pour nous provisoirement la maison bâtie : nous devons d'abord y garder notre logis. Dans la vie publique comme dans la vie privée, raser sans cesse sa maison pour la reconstruire sur un plan nouveau sans en rien garder, pas même les fondations, c'est le procédé révolutionnaire; ce n'est pas celui des hommes prévoyants et soucieux des transitions. Si l'édifice demande quelques réparations, il faut le restaurer autant que possible; mais il est déraisonnable de tout démolir dès qu'un inconvénient apparaît. Ce procédé ne nous a jamais réussi : nous avons rebâti moins bien que nos aïeux, et nous avons été temporairement privés de l'abri qu'ils nous avaient légué. Gardons nous donc de détruire tout à coup notre dix-neuvième constitution. Modifions-la judicieusement, jusqu'à ce que nous ayons trouvé celle que nous cherchons en vain depuis 1789. La véritable constitution de l'avenir se reconnaîtra à deux caractères essentiels : elle ne sera point improvisée et ne se rattachera à aucune date ; elle ne portera point le nom d'un homme, parce qu'elle sera l'œuvre journalière de tous les Français soumis à la loi suprême.

Des hommes éminents, et animés d'intentions généreuses, veulent réagir contre la coutume nationale et contre certaines corruptions en acclimatant parmi nous la république. La tentative a sa grandeur, mais aussi ses difficultés. Réussira-t-elle ? C'est le secret de l'avenir. Mais ce qu'on peut hardiment affirmer dès aujourd'hui, avec les hommes clairvoyants du gouvernement actuel, c'est que la république ne vivra que si elle se fonde sur les bases essentielles à tout gouvernement stable ; que si elle respecte les principes, sans lesquels les sociétés ont toujours décliné et péri.

§ 2. Fécondité de la méthode d'enquête fondée sur le retour aux bonnes traditions et sur l'imitation des modèles contemporains

Les précurseurs des Unions de la paix Sociale (I, 3) recherchent depuis 1848 ces bases et ces principes, sous la direction des hommes qui s'étaient mis à l'œuvre dès 1830. Ils ont publié dans une Bibliothèque déjà nombreuse les résultats déduits de l'étude comparée des populations européennes. En ce qui touche la vie privée, les conclusions sont conformes à la pratique des Autorités sociales qui dirigent les ateliers de travail et les voisinages (III, 3 et 4). En ce qui touche la vie publique, elles sont justifiées par les grands exemples cités dans la lettre de l'honorable M. Butler Johnstone. Le Comité de la Bibliothèque présente donc les trois chapitres suivants comme le point de départ des réformes à introduire en Europe et particulièrement en France.

Ce Programme sera d'abord écarté par les gouvernants qui, sous leur responsabilité, doivent accomplir ces réformes; mais nous leur prédisons qu'ils n'atteindront le but qu'en se conformant à la méthode que nous avons nous-même suivie. Soyons donc prêts à les seconder s'ils jugent un jour notre concours utile.

Continuous, en attendant, à chercher les vrais modèles de la réforme dans les heureuses époques de notre passé et dans la pratique actuelle des nations les plus prospères. A cet effet empressons-nous d'aller hors de nos frontières constater, de nos propres yeux, un fait évident, savoir : qu'il existe chez toutes les nations prospères certaines institutions communes qui accompagnent le succès et qui en expliquent les causes. Lorsque, d'ailleurs, des études comparées démontrent que ces mêmes institutions, après avoir régné chez nous aux époques de prospérité, nous font aujourd'hui défaut, nous serons préparés à sortir de notre stérile état d'antagonisme, pour nous entendre sur les moyens pratiques de restaurer la paix sociale.

Il est facile, au surplus, de juger les deux méthodes de réforme par les résultats qu'elles ont produits. En France, depuis un siècle, « la méthode d'invention », fondée sur des idées préconçues, prétend façonner l'humanité d'après un idéal fictif et arbitraire : en fait elle la mutile ; elle provoque bientôt de légitimes résistances et elle aboutit à des désordres sans fin. Au contraire, « la méthode de la paix sociale » ne demande rien à l'abstraction pure, à l'autorité d'un nom propre. Elle ne retranche rien de l'organisme vivant et complexe des sociétés ;

mais, s'appuyant sur le fait bien observé, et sur l'histoire exacte, elle conclut à « la restauration des bonnes coutumes du passé, et à l'imitation des saines pratiques du présent[2]. » En un mot, elle va aux peuples modèles que

[2] Xénophon résume ainsi, dans un dialogue entre Périclès et Socrate, l'opinion de ce dernier sur les causes de la décadence d'Athènes et sur les moyens de réforme. « Alors Périclès : Je m'étonne, Socrate, que notre ville « ait ainsi décliné. — Pour moi, je pense, reprit Socrate, « que de même qu'on voit certains athlètes qui l'empor- « tent beaucoup sur d'autres par la supériorité de leurs « forces, s'abandonner à la nonchalance et descendre au- « dessous de leurs adversaires, de même les Athéniens, « se sentant supérieurs aux autres peuples, ont dégénéré. « — Et maintenant que pourraient-ils faire pour recou- « vrer leur ancienne vertu? — Alors Socrate : Il n'y a « point ici de mystère; il faut qu'ils reprennent les mœurs « de leurs ancêtres, qu'ils n'y soient pas moins attachés « qu'eux, et alors ils ne seront pas moins vaillants. Sinon, « qu'ils imitent du moins les peuples qui commandent au- « jourd'hui, qu'ils adoptent leurs institutions, qu'ils s'y at- « tachent de même, et ils cesseront de leur être inférieurs; « qu'ils aient plus d'émulation, ils les auront bientôt « surpassés. » (*Mémoires sur Socrate*, liv. III, chap. v.) — « Rome accrut beaucoup ses forces par son union avec « les Sabins, peuples durs, belliqueux... Romulus prit « leur bouclier qui étoit large, au lieu du petit bouclier « argien dont il s'étoit servi jusqu'alors. Et on doit re- « marquer que ce qui a le plus contribué à rendre les « Romains les maîtres du monde, c'est qu'ayant combattu

leur prospérité signale ; elle analyse le mécanisme de leurs succès et en recherche les causes profondes ; elle indique, parmi les éléments sociaux ainsi étudiés, ceux qui paraissent applicables au milieu, à l'état actuel et au tempérament du pays à réformer. Ce travail n'emprunte rien à l'imagination, à la métaphysique ou aux passions des partis : c'est essentiellement une œuvre de science et de vérité. L'application de cette méthode, poursuivie par plusieurs observateurs depuis nombre d'années, a déjà produit une ample moisson de données très-concordantes[3]. Il serait facile et prompt de les contrôler et de les compléter par une enquête solennelle, le jour où les pouvoirs

« successivement contre tous les peuples, ils ont toujours
« renoncé à leurs usages sitôt qu'ils en ont trouvé de
« meilleurs. » (Montesquieu, *Grandeur et Décadence des Romains*, chap. 1er) — « Il y a beaucoup à gagner, en fait
« de mœurs, à garder les coutumes anciennes. Comme
« les peuples corrompus font rarement de grandes choses,
« qu'ils n'ont guère établi de société, fondé de ville,
« donné de loix, et qu'au contraire ceux qui avoient des
« mœurs simples et austères, ont fait la plupart des éta-
« blissements, rappeler les hommes aux maximes an-
« ciennes, c'est ordinairement les ramener à la vertu. »
(Montesquieu, *De l'Esprit des Loix*, liv. V, ch. VII.)

[3] Voir, ci-après, Pièce VI, le catalogue de la Bibliothèque de la paix sociale.

publics en comprendraient enfin la nécessité.

Pour organiser cette enquête, il conviendrait de commencer par établir, entre les éléments fondamentaux de la vie sociale, quelques subdivisions naturelles. Chacun de ces champs d'étude serait confié à un petit nombre d'observateurs, désignés par leur compétence et leurs travaux antérieurs. Parmi ces commissaires, les uns auraient à consulter les savants, qui ont l'intelligence des trésors que renferment nos archives nationales, et même à évoquer directement les époques heureuses de notre passé; les autres se transporteraient chez les modèles nationaux ou étrangers et les étudieraient sur place. Tous devraient rechercher les idées, les mœurs et les institutions qui accompagnent la paix ou la discorde, la prospérité ou la souffrance[1].

Une pareille étude accomplie, non pas dans le cabinet et d'après un idéal préconçu, mais sur le vif et à la lumière des faits, serait pour nous tous féconde en enseignements et en surprises. N'avons-nous pas eu, en effet, jusque dans ces

---

[1] C'est par exemple le procédé suivi par les Belges pour leur grande réforme des octrois. Deux commissaires, MM. Fisco et Van der Straeten, l'ont préparée par une enquête approfondie faite à l'étranger, et par leur rapport sur les taxes locales dans le Royaume-Uni de Grande-Bretagne et d'Irlande.

derniers temps, une disposition persistante à regarder la France comme le centre et le modèle du monde? N'a-t-on pas ainsi encouragé nos concitoyens à négliger l'étude des peuples étrangers, sous le vain prétexte qu'ils ont tout à nous emprunter et ne sauraient rien nous apprendre. Nos malheurs ont abattu cette fatuité nationale, sous laquelle s'abritait notre ignorance ; ils nous ont rendus à la fois plus modestes et plus studieux.

Chaque jour les Unions locales nous annoncent qu'à cet égard une heureuse évolution apparaît dans les esprits. Les hommes de guerre ont, les premiers, donné l'exemple : ils ont demandé à l'observation des institutions militaires d'une nation voisine le secret de sa puissance et de ses succès. Le même mouvement s'étend aujourd'hui aux personnes qui considéraient, comme l'unique moyen de salut, l'aide directe de Dieu implorée par la prière. Elles se pénètrent de l'enseignement donné par l'illustre apôtre des Indes, c'est-à-dire par l'un des hommes qui ont le mieux réussi à ramener au vrai les populations égarées. Elles étudient par des enquêtes spéciales « la science du monde » [5]; et elles croient être utiles quand elles

[5] « Tel est le fruit merveilleux de la science du monde. « Avec cette science, vous ferez plus de bien qu'avec tous

en propageant les résultats par la méthode que
saint Paul recommande[6]. Il n'y a plus qu'un pas à
faire dans cette voie pour que l'opinion publique
comprenne la nécessité de mener de front les
études sur l'ordre matériel et l'ordre moral de
chaque société. Tout observateur sagace, chargé
de l'étude des armées, ne tardera pas à comprendre d'ailleurs que celles-ci sont, à beaucoup
d'égards, une conséquence des croyances, des
idées et des mœurs qui règnent dans les lieux
où elles se recrutent. Quelques autres initiatives
prises dans la même direction par le gouvernement actuel de la France pourraient être citées
comme un premier prélude du retour à la paix
et à la stabilité[7]. On commence à comprendre
qu'en matière de réformes on peut s'y prendre
mieux que nous ne l'avons fait nous-mêmes, et

« les raisonnements des docteurs et toutes les subtilités
« de l'école. » (Saint François de Xavier, cité plus longuement, *Correspondance* n° 3, page 34.)

[6] *Ibidem*, p. 34. ══ [7] Par son arrêté en date du 27
mars 1876, M. Dufaure, Garde des Sceaux, a fondé au
ministère de la justice *une collection des lois étrangères*.
Le Gouvernement réunit ainsi des matériaux fort précieux
pour les enquêtes publiques et privées. Il fera une œuvre
plus utile encore en fondant une institution chargée de
provoquer et d'encourager les travaux des voyageurs qui
décriront l'action simultanée de ces lois et des mœurs ou,
en d'autres termes, *les faits de la vie sociale.*

qu'il est bon de consulter des peuples plus avisés qui savent grandir ou rester grands [8]. L'enquête dont il s'agit arrivera donc à point si elle est faite, non pas d'une façon étroite, mais avec l'ampleur qu'elle exige. Elle créera une pépinière d'hommes d'État et produira une profonde sensation dans le pays [9].

Les services d'enquête, même organisés dans les meilleures conditions et confiés aux observateurs les plus habiles, pourraient rester infructueux, si l'appréciation des résultats était laissée exclusivement à ces corps consultatifs qui, dans le passé, ont fait tant de mal à notre patrie, en repoussant les moyens de salut que nous offrait l'expérience des autres nations. A cet égard, la plus sûre garantie se trouvera dans la publication de rapports sommaires contenant deux sortes de documents : 1º un précis des faits observés et des conclusions, rédigé et signé par les observateurs eux-

[8] *La Paix sociale après le désastre*, IV, 3. === [9] L'Angleterre attache une grande importance aux études de ce genre, mais faites sur place. Ses hommes d'État consacrent une partie de leur temps à des voyages, pour bien pénétrer les mœurs et les lois des peuples étrangers. Cette enquête permanente leur assure une réelle supériorité sur leurs émules du Continent. (*La Constitution de l'Angleterre*, VII, v.)

mêmes; 2° les jugements, également signés, portés sur ces faits et ces conclusions par des hommes compétents. Quand l'opinion publique aura été ainsi éclairée, les gouvernants, munis des détails de l'enquête et secondés au besoin par ceux qui proposent les réformes, procèderont avec prudence à l'exécution.

Cette dernière condition doit être imposée comme une règle impérieuse aux réformateurs les plus convaincus. On s'expose, en effet, à un échec presque certain quand on prétend introduire brusquement les améliorations nécessaires, sans tenir compte des obstacles inhérents à la situation actuelle de notre infortunée patrie. Même avec une active propagation de la vérité, l'action du temps est indispensable pour triompher des résistances que font naître tout d'abord la diversité des lieux, des idées et des mœurs, le règne presque universel des faux dogmes de 1789, la croyance à une supériorité imaginaire, les antagonismes sociaux de notre temps et les passions des partis politiques. Enfin, au sujet de chaque réforme, il faudra se donner beaucoup de peine pour satisfaire aux justes objections qu'élèveront souvent, contre les premiers projets, les hommes modestes et utiles qui conservent dans notre gouvernement quelques bonnes traditions, malgré les erreurs de l'opinion, les exagérations du droit de suffrage et les revendications des hommes de nouveauté.

Le procédé le plus sûr pour acclimater une réforme, c'est de l'expérimenter localement, si sa nature le permet, et non sur tout le pays à la fois. En France, malgré les efforts qui ont été faits pour supprimer les coutumes et pour plier de gré ou de force les provinces à l'unité, toutes les localités n'ont pas les mêmes mœurs et n'obéissent pas aux mêmes courants d'opinion. La constitution de la France est loin d'être uniforme : au milieu d'un océan de passions haineuses, on trouve encore une multitude d'îlots où règne la paix sociale ; et, depuis nos dures épreuves, on en voit surgir quelques-uns, grâce à des initiatives individuelles qu'on ne saurait trop signaler à la reconnaissance du public[10].

Ces lieux d'essai sont nombreux. Ils seront désignés à l'attention des gouvernants par leur état de paix sociale. La réforme pourra donc commencer dès que ceux-ci comprendront la nécessité de restaurer en France les meilleures coutumes du passé, et surtout d'y acclimater les

[10] Voir à ce sujet : Exposé des bons rapports qui existent entre les patrons et les ouvriers dans la papeterie d'Annonay et la fabrique de chaux hydraulique du Teil (Ardèche), par M. Jules Michel, ingénieur des ponts et chaussées. (*Bulletin de la Société d'économie sociale*, t. V, p. 51.)

institutions actuelles des peuples prospères. Les expériences seraient faites d'accord avec les autorités locales, privées ou publiques, en vertu de ces décrets temporaires dont l'usage est si commun et se montre si utile en Angleterre [11] ; et les résultats en seraient suivis de près par les gouvernants avec le concours des hommes que l'enquête aurait mis en lumière. Si un essai ne réussit pas dans une localité déterminée, on reviendra au point de départ sans avoir troublé l'équilibre général du pays. Les pouvoirs réguliers de la nation s'interdiraient ainsi les moyens de contrainte que les révolutionnaires ne craignent pas d'employer pour leurs expériences les plus hasardeuses. En général, ces tentatives, autorisées par les grands exemples du passé et du présent, par l'approbation des hommes compétents et par le vœu des localités, produiront sur ces petits théâtres le bien qui aura été déjà constaté chez les nations modèles et parfois dans l'Europe entière, au milieu de laquelle la France s'est isolée sous l'inspiration de ses faux dogmes.

Les résultats ainsi obtenus seront enviés par d'autres localités; ils se propageront alors de proche en proche; et bientôt les gouvernants pourront, à coup sûr, en faire la loi générale

[11] *La Réforme sociale*, 56, I; 61, XII. — *La Constitution de l'Angleterre*, VIII, iv; XI, x.

du pays. Sous ce régime, les réformes ne seront pas immédiates, et elles ne sortiront point d'un coup brutal de majorité. Elles s'accompliront plus sûrement et avec toutes chances de durée par l'assentiment unanime des populations [12].

Ce procédé, employé par tous les autres peuples, soulève, il est vrai, une objection tirée de nos préjugés nationaux. L'unité et la centralisation, pourra-t-on dire, sont les caractères distinctifs et la force de notre pays. Il n'est pas possible d'y toucher sans nous affaiblir. On ne peut pas accepter l'idée d'une réglementation qui diffèrerait suivant les lieux. Tous les Français sont égaux devant la loi ; toutes les localités doivent être égales devant elle.

L'expérience universelle se charge de répondre à cette objection. Même en France, la législation varie suivant que les communes sont urbaines ou rurales, et selon que les villes atteignent tel ou tel nombre d'habitants. Notre code administratif offre même plus d'un exemple de la faculté qu'ont les localités d'obtenir un régime spécial si bon leur semble [13]. Les précé-

---

[12] Sur l'efficacité de la méthode des enquêtes, voir *la Réforme sociale*, chapitre 64, notamment les paragraphes VI à VIII. —— [13] D'après l'article 9 du décret du 26 mars 1852 sur les rues de Paris, « les dispositions de ce décret pourront « être appliquées à toutes les villes qui en feront la demande,

dents de ce genre ont déjà fait beaucoup de bien. Ils indiquent la voie qu'il convient de suivre à l'avenir dans des cas plus nombreux.

D'ailleurs, l'enquête même à laquelle on auraitprocédé rassurerait les plus timorés sur les conséquences de cette diversité momentanée ou permanente de certaines institutions. Ainsi qu'on le verra plus loin, la variété des coutumes et des législations locales se retrouve partout, en Angleterre comme en Amérique. La Prusse a pour l'organisation de la commune rurale sept types principaux, auxquels se rattachent beaucoup de sous-types : souvent même l'application à telle ou telle localité est déterminée par l'option du conseil municipal [14]. Nous avons appris par une cruelle expérience que cette élasticité des institutions locales n'énervait pas l'action nationale dans les moments suprêmes.

« par décrets spéciaux rendus dans la forme des règlements « d'administration publique. » Bon nombre de villes ont fait usage de cette faculté. — Un nouveau décret sur la pêche fluviale, réagissant contre des règlements uniformes publiés antérieurement, restitue aux Préfets et aux Conseillers généraux le droit de prendre des règlements locaux dans des limites déterminées. — Beaucoup d'actes législatifs conservent en Angleterre ce caractère facultatif (*permissive legislature*). *La Réforme sociale*, 58, XIII. — *La Constitution de l'Angleterre*, VIII, xiv.

[14] Hillebrand, *La Prusse contemporaine*, p. 155.

Les nations voisines ont, au contraire, compris tout le parti qu'elles pouvaient tirer de cette vie propre de leurs communes et de leurs provinces. L'État les a rattachées par un lien étroit au pouvoir central. Il leur a assigné des limites légales dont elles ne peuvent sortir; mais il n'a pas cru nécessaire de les faire entrer de force dans un moule uniforme, et il s'en est bien trouvé. Ces exemples doivent nous encourager à tenter des essais partiels, inoffensifs en cas d'échec, féconds en cas de succès.

Dans les conditions où la France est placée, la méthode de réforme se résume donc en un petit nombre de règles. Ne point créer une vingtième constitution, par surprise, ou de toutes pièces, sans le concours du temps. Améliorer le régime actuel par les moyens légaux. Organiser une grande enquête pour retrouver nos bonnes coutumes nationales des époques de prospérité, et pour découvrir les saines pratiques des grands peuples modernes. Entreprendre l'essai partiel et local des réformes indiquées par cette enquête, avant de les édicter par des lois. Telle est la série des étapes successives qu'il y aurait à franchir pour obtenir de sérieux résultats.

Cette marche semblera lente au gré des impatients qui voudront nous guérir en un jour, dès qu'ils auront compris l'efficacité des remèdes ; mais elle est sûre en ce qu'elle ne livre rien au hasard, à l'invention ou au caprice. Elle est même en réalité rapide, parce qu'elle ne nous oblige jamais à revenir sur nos pas, sous la pression de résistances qui pourront être souvent injustes, mais qui auront un succès momentané, si on ne s'attache pas d'abord à les désarmer.

L'application persistante de cette méthode d'enquête et d'essai est le plus fructueux emploi que nos gouvernants actuels puissent faire des dernières années du Septennat. Elle dissiperait l'erreur, apaiserait la discorde et raffermirait le sol mouvant que nous ont fait les révolutions.

Le gouvernement qui sortira de la révision prescrite par la constitution du 25 février 1875 est encore le secret de l'avenir. Si, malgré les enseignements du passé, on veut encore, vers la fin du Septennat, créer de toutes pièces une nouvelle constitution écrite, elle empruntera du moins ses meilleurs éléments à l'enquête méthodique et aux essais locaux. Quel qu'il soit, pourvu que ce secours ne lui manque pas, le gouvernement révisé sera plus stable que les précédents, parce qu'il reposera sur des fondements plus solides.

CHAPITRE III

LA PAIX DANS LA VIE PRIVÉE

§ 1er. L'ENQUÊTE ET LA SCIENCE SOCIALE DANS LA VIE PRIVÉE

En définissant, dans le précédent chapitre, la méthode d'enquête, on a implicitement admis, comme des vérités évidentes, le principe d'où elle part et le but qu'elle se propose. Avant de commencer l'application de cette méthode aux grandes subdivisions de la vie des sociétés, il est opportun, pour écarter tout malentendu, de compléter cette définition en indiquant, avec plus de précision, l'étendue et les bornes de ce moyen de réforme.

Les erreurs qui ont amené la chute momentanée de la France ne sont pas toutes nées chez nous. Il est même vrai de dire que les plus dangereuses nous sont venues de l'étranger au XVIIIe siècle [1]. Malheureusement nous n'avons

[1] Les Unions de la paix sociale : *Correspondance* n° 2 : Pièce I, 4. — *La Paix sociale après le désastre*, II, note 6.

pas cessé depuis lors de les fortifier et de les propager par un travail assidu. Les idées subversives liées à ces erreurs se répandent aujourd'hui dans la majeure partie de l'Europe. Rapprochées de la souffrance qui déborde de toutes parts, elles se manifestent par de fausses méthodes de réforme qui aggravent le mal au lieu de le guérir. Il importe donc de préparer le lecteur à condamner lui-même ces méthodes, à l'aide des faits dont l'exposé remplira les paragraphes suivants.

La méthode d'enquête qui a pour objet l'étude des faits sociaux, commence à produire le résultat qui a été obtenu, dans le cours du dernier siècle, pour les faits du monde matériel. Si les hommes qui appliquent cette méthode résistent fermement aux idées préconçues, s'ils prennent exclusivement les faits observés pour base de leurs déductions, ils ne tarderont pas à élever leurs recherches au rang des sciences déjà constituées par l'unanime approbation des vrais savants. La science sociale, qui se fonde sur l'application persistante de cette méthode, n'a pas encore dans l'opinion la place qu'elle mérite. Elle a des procédés d'investigation bien appropriés à la nature des choses qui forment son domaine. Sur beaucoup de points, elle est déjà efficace, car elle rallie à une même certitude beaucoup d'hommes qui, partis d'opinions très-différentes, adoptent, comme criterium du vrai, les faits bien observés. La science sociale semble, à première vue, être inférieure aux autres sciences, en ce qui touche la sûreté des moyens dont elle dispose pour arriver au vrai. Elle n'a pas, comme les sciences exactes, un point de départ infaillible dans les axiomes que la raison accepte tout d'abord comme expression de l'évidence. Ayant à apprécier des faits, variables comme la nature humaine, elle est privée des facilités qu'offre généralement aux sciences physiques la permanence des phénomènes. Cependant, comme toutes les sciences, elle arrive à la vérité en multipliant suffisamment les observations et en repoussant les affirmations qui ne reposent pas sur des faits avérés ou sur des déductions fournies par un raisonnement rigoureux.

La méthode de l'enquête est nécessaire aujourd'hui aux œuvres de réforme ou de salut que réclame l'état actuel de l'Europe. Elle indique les voies que doivent suivre les hommes dévoués à ces œuvres. Elle démontre le danger ou l'impuissance du « positivisme », de « l'évolutionnisme », du « libéralisme systématique », du « progrès fatal »., et des autres erreurs dérivées de la croyance à la perfection originelle de l'enfant [2]. C'est ainsi, par exemple, que dès le début de ce Programme il nous a été possible de réfuter, par l'évidence de l'un des faits les plus universels et les mieux connus, le faux principe de 1789 et les faux dogmes qu'il a engendrés. La même méthode réfute à plus forte raison « le nihilisme », qui enseigne à ses adeptes que l'homme ne doit en rien se préoccuper du moral et de l'utile [3], et qu'à l'exemple des animaux sociables il peut s'abandonner à l'impulsion de ses instincts naturels. La vraie science démontre que toutes ces inventions sont en contradiction formelle avec l'expérience de l'humanité entière. Elle met les novateurs au défi de citer un lieu où l'enfant se montre parfait dans les premières manifestations de sa volonté, où l'adulte se trouve bien de négliger la recherche du moral et de l'utile.

D'un autre côté, il ne faut point s'exagérer

[2] Voir dans le *Bulletin de la Société d'économie sociale,* t. V, p. 141 (février 1876), le Rapport intitulé : Exposé des doctrines modernes, dites positivistes ou évolutionnistes; Démonstration par les faits de l'erreur commune à toutes ces doctrines, par MM. A. Rondelet, Silvy et A. Delaire. — Voir aussi *l'Organisation du travail,* § 56, 57, 58; et *l'Annuaire de l'Union pour* 1875, liv. III, chap. VII. == [3] *L'Organisation du travail,* § 39. — *La Constitution de l'Angleterre,* Pièce I.

l'importance de la méthode d'enquête et de la science qu'elle constitue en ce moment, sous la pression de dangers redoutables. Depuis les premiers âges de l'histoire, il existe, en effet, dans les steppes d'Europe et d'Asie, des millions de pasteurs nomades qui forment des sociétés prospères, sans autre science que le Décalogue éternel. Grâce à cette loi suprême, complétée par les traditions domestiques, on peut encore admirer dans ces régions l'état social qui a été célébré par les lettrés de la Grèce antique [4], qui est signalé par le Koran, comme par lä Bible, à la vénération des fidèles [5]. Comme il y a quatre mille ans, la stabilité et la paix règnent dans chaque petite société groupée autour d'un patriarche : chaque individu, content de son sort, se dit heureux ; et il se persuade que la vraie science de la vie est comprise dans la coutume des ancêtres. Chez beaucoup de races sédentaires de notre temps [6], le besoin

---

[4] *La Réforme sociale*, 8, X ; 51, XII ; 64, X. = [5] Les Musulmans voient, dans Abraham, le père des croyants. Leur principale fête annuelle, le *Kourbane-Baïram*, est célébrée en souvenir du sacrifice d'Abraham. Leur ville sacrée, la Mecque, a été bâtie sur le lieu de naissance du patriarche vénéré. = [6] Les populations rurales de la Chine et de la Russie, les Hongrois et les Slaves de l'Empire autrichien, les races pastorales des Alpes, de l'Au-

de science sociale ne se fait pas sentir davantage. Dominés par les complications de la vie agricole, mais fortifiés dans leur obéissance à la loi suprême par les ministres de Dieu et du souverain, les pères de famille pensent que, pour conserver la stabilité et la paix, il suffit de rester soumis aux coutumes nationales. La corruption des classes dirigeantes, les faux dogmes des lettrés et l'engouement pour une foule de nouveautés ont, il est vrai, déchaîné la discorde parmi les grandes nations européennes. Pour apaiser la lutte des intérêts et mettre fin au désordre actuel des idées, la science sociale est devenue nécessaire; mais elle ne restera bienfaisante que si les nouveaux savants se renferment dans le rôle modeste que leur assigne la nature des choses.

Selon les indications données au chapitre précédent (II, 2), la méthode d'enquête devra être souvent pratiquée par les gouvernants, ou par des particuliers agissant en vertu d'un mandat conféré par les autorités publiques. Cependant la majeure partie de la tâche devra être accomplie par des particuliers ayant pour mobile le dévouement au bien public. Cette charge des

vergne et des Pyrénées, notamment les Basques d'Espagne et les Suisses des petits cantons de l'Oberland.

particuliers deviendra plus lourde à mesure que
le sol sera plus défriché, et que les villes seront
plus populeuses; en un mot, à mesure que les
éléments de corruption ou de discorde se multi-
plieront par la multiplication des villes.

C'est pour remplir ce devoir que sont fondées
les Unions de la paix sociale. Elles se constituent
à la fois pour guérir le mal actuel et pour prévenir les rechutes. Elles prévoient, en effet,
que la restauration de la paix amènera un nouvel
accroissement de richesse et de population; et
elles recommandent la soumission au Décalogue
comme moyen de conjurer des catastrophes plus
redoutables que ne l'ont été celles du passé.

Dans la situation faite à l'Europe par le défrichement du sol et l'agglomération des hommes,
les Unions ont devant elles une mission qui
devient permanente. Au milieu des désastres
produits par l'action incessante du vice originel, elles auront alternativement, chez chaque
peuple, à remplir l'un des deux devoirs suivants :
en temps de souffrance, remédier aux maux déchaînés par les dernières catastrophes; en temps
de prospérité, signaler l'approche des vices
qui ramèneraient des calamités nouvelles. Les
Unions resteront fidèles à ce Programme en rap-
pelant sans cesse à leurs membres l'enseignement
donné par la Bibliothèque de la paix sociale.

Les Unions et la science qu'elles cultivent sont des nouveautés imposées, pour la première fois, aux amis de la vérité par les complications et les excès de notre époque. Elles ne sauraient donc se classer au rang des institutions et des doctrines traditionnelles qui ont suffi dans le passé et suffisent encore aux races simples et frugales. Pour préserver leurs propres membres de la corruption qui, dans une nation, émane presque toujours des gouvernants, elles se gardent de prendre, à aucun degré, le caractère d'une institution publique. Elles démontrent, par la méthode scientifique qui leur est propre, un certain nombre de vérités que conservent les autorités traditionnelles depuis les premiers âges de l'histoire. Elles sont donc des auxiliaires utiles pour ces autorités, sans demander leur force à un mandat officiel, sans même se rattacher à la vie communale. Les petits salons de la paix sociale appartiennent exclusivement à la vie privée. Ils la fortifient en imprimant une impulsion féconde aux esprits dans le foyer domestique, en pacifiant l'atelier de travail et surtout en constituant, dans chaque voisinage, un nouveau centre d'activité intellectuelle et morale[7].

[7] *Correspondance* n° 7 (2ᵉ édition) : Prélude aux Unions locales et Bibliothèque de la paix sociale.

§ 2. LA PAIX AU FOYER, SOUS L'AUTORITÉ PATERNELLE

Après les trois premiers commandements, qui définissent les devoirs envers Dieu, le Décalogue prescrit le respect de l'autorité paternelle. Chez tous les peuples prospères, les idées, les mœurs et les institutions fortifient cette prescription. En France elles tendent toutes à l'affaiblir. Par le suffrage universel, notre loi donne au fils les mêmes droits qu'au père. Par le partage forcé, elle lui en donne davantage. Égal au père devant l'urne électorale, le fils a, devant le testament, des droits qui dominent et enchaînent la volonté paternelle. Comment s'étonner dès lors que le respect du père diminue de plus en plus et disparaisse de nos mœurs? C'est une de nos plaies les plus graves et les plus douloureuses.

Les philosophes du dernier siècle, Rousseau en particulier, ont beaucoup fait pour atteindre ce résultat. Dans leur aveugle passion pour l'égalité, ils n'ont pas même voulu faire grâce à l'inégalité la plus naturelle et la plus respectable, celle qui a son siége dans la famille[1].

Les plus douces et les plus utiles traditions

---

[1] « Les enfants », dit Rousseau, « ne restent liés au père « qu'aussi longtemps qu'ils ont besoin de lui pour se con- « server. Sitôt que ce besoin cesse, le lien naturel se

du genre humain sont violées par cette doctrine. Les tristes *Confessions* de Rousseau expliquent qu'il l'ait émise ; mais ce qui paraît inexplicable, c'est que tout un siècle s'en soit épris ; que, des salons, elle ait envahi la rue, puis les assemblées politiques, et qu'enfin elle ait pu aboutir au régime de la Terreur.

A moins d'avoir lu les mémoires du temps, on ne saurait s'imaginer le vertige et l'engouement excités alors par le *Contrat social* dans toutes les têtes, du haut en bas de la société. Théâtres, romans, beaux-arts, philosophie, histoire, tout en est imprégné et propage irrésistiblement la doctrine nouvelle. Elle s'est ainsi infusée dans notre sang par mille canaux. On s'explique donc aisément la ténacité d'une erreur qui nous enlace et nous étreint depuis si longtemps.

Cependant, dès qu'on se met au-dessus des influences qui ont agi sur la société française

« dissout. Les enfants, exempts de l'obéissance qu'ils de« vaient au père, le père exempt des soins qu'il devait
« aux enfants, rentrent tous également dans l'indépen« dance. S'ils continuent de rester unis, ce n'est plus
« naturellement, c'est volontairement, et la famille elle« même ne se maintient que par convention. Sitôt que
« l'homme est en âge de raison, lui seul, étant juge des
« moyens propres à se conserver, devient par là son propre
« maître. » (*Contrat social*, chap. II.)

pendant la seconde moitié du XVIIIe siècle, on aperçoit que cette doctrine ne saurait supporter un moment d'examen devant les lumières de l'expérience et de la raison. Elle regarde comme non avenus les phénomènes sociaux les plus apparents, ceux qui nous montrent dans l'homme, complété par le Décalogue, le pouvoir de régler sa destinée et de dominer les autres êtres de la création. Elle réduit à néant l'admirable rôle rempli par la famille depuis les premiers âges de l'histoire : la lutte victorieuse du père et de la mère contre le vice originel incessamment ramené par les nouveau-nés, contre l'ignorance de l'enfance et les passions de la jeunesse ; la transmission, à travers les âges, de la plus précieuse richesse, c'est-à-dire des idées, des souvenirs, des affections et des traditions innombrables qui ne se conservent que dans le foyer domestique ou l'atelier de travail des ancêtres. Elle porte atteinte à toute association légitime et empêche toute cohésion sociale. Elle ne laisse debout qu'un géant, l'État, dominant des millions de nains. Elle désagrége le granit sur lequel l'ancienne France était assise, et elle en fait une poussière qu'agite le vent des révolutions[2].

[2] « Pour établir sa doctrine, Rousseau suppose des « hommes nés à 21 ans, sans parents, sans passé, sans

Les déplorables enseignements du *Contrat social* et de l'*Encyclopédie* ont tous convergé vers un même but : ruiner dans l'estime des contemporains l'autorité paternelle, détruire les coutumes de la famille et faire régner, sur leurs débris, l'individu dégradé autant que possible par la perte des plus précieuses aspirations de la nature humaine. Ils n'ont pu, Dieu merci, supprimer tous les fruits d'une tradition nationale de dix siècles [3] ; mais ils ont créé un groupe d'égarés et de fanatiques, disposés à tout entreprendre contre cette tradition ; résolus notamment à compléter par la Terreur, c'est-

« traditions, sans obligations, sans patrie, et qui, assem-
« blés pour la première fois, vont pour la première fois
« traiter entre eux. En cet état, et au moment de con-
« tracter ensemble, tous sont égaux. » (Taine, *Ancien Régime*, p. 315.) — M. Renan, de son côté, qualifie sévèrement « un code de lois qui semble avoir été fait
« pour un citoyen idéal, naissant enfant trouvé et mou-
« rant célibataire ; un code qui rend tout viager, où les
« enfants sont un inconvénient pour le père, où toute
« œuvre collective et perpétuelle est interdite, où les unités
« morales, qui sont les vraies, sont dissoutes à chaque
« décès, où l'homme avisé est l'égoïste qui s'arrange pour
« avoir le moins de devoirs possible... » (*Questions contemporaines*, 1868. Préface.)

[3] Sur les beaux modèles offerts par cette tradition, voir *Les Familles et la Société en France avant la révolution*, par Ch. de Ribbe ; Paris, Albanel, 1874, 2ᵉ édition.

à dire par l'échafaud et par les contraintes de la loi écrite, l'œuvre de destruction commencée par la propagation du faux principe et des faux dogmes de 1789.

Les contraintes imposées à notre race par la législation qui attente à l'autorité paternelle, sont multiples et ont leur contre-coup dans toutes les directions de l'activité sociale. Le partage forcé des héritages, institué par la loi du 7 mars 1793, est le principal agent du mal. Il exerce sur la condition du pauvre une influence plus funeste que sur celle du riche. Le caractère malfaisant de ce régime se fait principalement sentir sur la petite propriété, sur la famille rurale et sur le foyer domestique de l'ouvrier. L'attaque dirigée contre le pouvoir paternel entrave formellement la première des réformes que réclame l'état actuel de notre société, savoir : le rétablissement de l'harmonie entre les classes extrêmes. Elle paralyse les efforts que voudraient faire en ce moment beaucoup de patrons intelligents pour donner la sécurité au personnel attaché aux ateliers de la grande industrie [4]. Aucune nation européenne

[4] Voir l'exposé fait, à ce sujet, le 19 décembre 1875 à la Société d'économie sociale, par M. de Pavin de Lafarge, manufacturier au Teil, Ardèche. (*Bulletin de la Société d'économie sociale*, t. V, p. 76-77.)

3*

ne présente, en effet, le lamentable spectacle de ces liquidations perpétuelles [5] qui excitent l'étonnement et le blâme des rares amis que nous conservons à l'étranger [6]; qui condamne à une désorganisation fatale les créations les plus louables de chaque génération; qui interdit au fondateur d'une entreprise utile le moyen d'en perpétuer les traditions avec le bien-être des familles qu'il s'était associées. La constitution sociale que nous ont imposée les hommes de la Terreur entraîne une autre conséquence qui, en se perpétuant, enlèverait de plus en plus à notre race toute chance de reprendre dans le monde le rang qu'elle occupait à ses époques de fécondité : c'est la stérilité systématique des mariages [7]. Le partage forcé dépeuple la France, comme le démontrent de trop éloquentes statistiques : il tarit les sources d'émigration, et nous enlève ainsi au dehors la puissance d'expansion qui ne peut reposer que sur la fondation des colonies [8]. Il contribue à

[5] *L'Organisation de la famille*, notamment le § 13 et le IIe Appendice. == [6] *Correspondance* n° 5. Lettre de Lord Denbigh, pair d'Angleterre. == [7] La fécondité, par 100 mariages, qui était de 424 au commencement de ce siècle, est tombée à 307 de 1860 à 1869. La France complète ses désastres par la stérilité systématique : elle ne recrute ses ateliers que par l'immigration de ses voisins. == [8] *De l'In-*

la désertion des campagnes, et accélère le mouvement funeste qui entraîne les paysans vers les agglomérations urbaines.

Tous ces inconvénients, et bien d'autres encore, ont été, à la connaissance du Comité, reconnus et déplorés depuis 1848 par beaucoup d'hommes perspicaces appartenant à la vie publique. Celui qui n'a point encore arrêté son attention sur ces terribles symptômes de notre décadence, les apercevra dans toute leur clarté s'il veut bien regarder ce qui se passe autour de lui, consulter le notaire, le médecin et le prêtre de son voisinage, ou seulement lire la Bibliothèque de la paix sociale [9].

La méthode d'enquête pratiquée sous l'inspiration directe des pouvoirs publics viendra un jour, nous l'espérons, arrêter notre infortunée patrie sur la pente qui l'entraîne si rapidement à l'abîme. Elle démontrera qu'au milieu du

---

fluence de la loi des successions sur le développement des colonies, par M. Robert, chanoine de Rouen; 1 brochure in-8°; le Havre, 1876.

[9] Voir, ci-après, Pièce VI, le catalogue de cette Bibliothèque. — Consulter notamment, dans *la Réforme sociale,* les chapitres 20; 26, IX et X; 27, X; 34, VIII et suiv.; 35, III; 37, XI; et dans *l'Annuaire de l'Union pour* 1875 le chapitre intitulé : La liberté du testament et la prospérité du commerce, par M. le comte de Butenval.

contraste ou de la similitude apparente des constitutions et des lois de succession, la France diffère de toutes les autres nations par un trait qui suffirait seul pour expliquer son abaissement actuel. C'est « un fait » que la transmission intégrale des immeubles, c'est-à-dire des foyers et des ateliers, dans la même famille est la règle universelle ou au moins la tradition dominante de toutes les races européennes. C'est « un fait » que ce même régime régnait chez nous aux époques de prospérité; enfin c'est également « un fait » que cette constante tradition des races prospères est remplacée de plus en plus chez nous par les coutumes opposées : par la licitation périodique des immeubles, et par le scandaleux développement donné de nos jours aux locations de foyers domestiques et aux ventes de mobiliers.

Il est vrai que, sous les coutumes établies par les révolutions, des armées d'hommes de loi, d'experts, de courtiers et de commissaires-priseurs sont en possession de prébendes lucratives, instituées pour subvenir aux liquidations incessantes de la famille et de la propriété, et surtout au service des innombrables procès de succession [10]. Il faut reconnaître également que

[10] En 1872, les tribunaux civils ont jugé 25,593 procès

les usuriers et les courtisanes peuvent presque à coup sûr exploiter les faiblesses des fils de famille en escomptant les « espérances », dont nos mœurs et nos lois font des certitudes. Mais, en dehors de ceux auxquels elles profitent directement, qui donc pourrait trouver ces compensations suffisantes?

On ne saurait trop le redire : la véritable unité sociale n'est pas l'individu, c'est la famille. Réfuter les erreurs et réagir contre les dissolvants qui désagrégent cette unité, telle est la grande tâche à laquelle doivent se vouer les vrais amis de notre race. Là est le travail réparateur que nous impose, avant toute autre réforme, la destruction accomplie depuis un siècle par les révolutions. En cette matière, il faut que la loi aide les mœurs et qu'elle ne se borne pas à la déclaration platonique qui est inscrite à l'article 371 du Code civil [11]. L'opinion des classes éclairées, suivie bientôt par les mœurs et la loi, doit restituer au père de famille, devant l'urne du scrutin et devant le testament, l'autorité sans laquelle il ne peut

relatifs aux successions et aux donations. Ce nombre est à peu près égal à celui de tous les autres procès relatifs à la propriété. — *La Réforme sociale,* 20, VII.

[11] ARTICLE 371. — L'enfant, à tout âge, doit honneur et respect à ses père et mère.

remplir sa mission. Cette condition préalable une fois remplie, l'autorité paternelle, la seule qu'ait formellement instituée le Décalogue, reprendra promptement la fonction que la nature des choses lui assigne dans la vie publique, comme dans la vie privée. Soutenue par la loi suprême, elle fera de nouveau régner la discipline et la paix dans cette petite communauté, qui est le fondement de la société tout entière.

§ 3. LA PAIX DANS L'ATELIER, SOUS L'AUTORITÉ DU PÈRE OU DU PATRON

A l'origine des sociétés, le travail se rattachait essentiellement au domaine de la famille, et il était stable comme elle. Le foyer, où se groupaient les membres de chaque unité sociale, était inséparable de l'atelier, où se produisaient les moyens de subsistance. La « femme forte » des Écritures fabrique les draps et les ceintures, et les vend au marchand chananéen [1]. Telle est l'ancienne tradition sur la fabrication et le commerce des produits manufacturés.

On pourrait suivre cette organisation à travers les âges, et l'on verrait que, malgré la diversité de ses formes, la juxtaposition et la

[1] *Proverbes*, chapitre XXXI, v. 15.

transmission simultanée du foyer et de l'atelier, sous l'autorité du père, ont toujours engendré la sécurité, la stabilité et la paix dans le régime du travail.

L'époque actuelle nous montre encore et l'avenir conservera sans doute sur une grande échelle la très-petite industrie, rurale et manufacturière, offrant l'alliance plus ou moins intime du foyer et de l'atelier. Mais on ne peut méconnaître le rôle considérable que remplira désormais la grande industrie. On ne doit point se laisser prendre au dépourvu par l'influence croissante de ces puissants moyens d'action qu'on appelle la machine à vapeur, la locomotive, le bateau à vapeur, le télégraphe électrique et les machines-outils. On s'abuse quand, à la vue des merveilles qu'étale la grande industrie, on croit devoir appliquer au gouvernement de l'atelier des rapports sociaux différents de ceux qui convenaient aux anciennes méthodes de travail. Ces nouveautés, si admirées par l'Occident, en amèneront bientôt la ruine, si on ne les subordonne pas aux éternelles traditions de la paix sociale.

Ce prodigieux essor de l'industrie a déplacé le centre de gravité des forces sociales. Il a créé d'immenses agglomérations d'hommes et donné un développement inouï à la richesse ; mais, par cela même, il a multiplié les moyens de corruption et les causes de décadence. Pour conjurer ces maux, qui sont devenus un des traits distinctifs de notre époque, il aurait fallu que le frein moral grandît précisément dans la même proportion que les forces matérielles. Malheureusement, ce frein a manqué dans presque tous les districts manufacturiers de l'Occident; et l'ancien état d'équilibre, c'est-à-dire le bon accord du maître et de l'ouvrier, a été rompu. Les esprits ont cédé au torrent qui les emportait vers l'activité matérielle et les avantages qu'elle procure. Nos contemporains ont méconnu de plus en plus les traditions de l'ordre moral. Ils n'ont pas compris la solidarité intime qui doit unir les deux modes d'activité. Ils ont fait naître d'intolérables souffrances, en laissant le champ libre à un mouvement matériel qui est bientôt devenu désordonné, parce qu'il était sans contre-poids.

A l'époque où l'erreur débordait de toutes parts, et où l'ère des machines commençait, un philosophe, l'Écossais Adam Smith inventait, dans une méditation solitaire et dans l'ignorance complète de la vie des ateliers, une des plus dangereuses aberrations des temps modernes. Depuis lors une nouvelle science, propagée en France par Turgot et les autres lettrés contemporains, n'a pas cessé d'en répandre la formule[2]. « Le travail », dit-elle encore journellement, « est une marchandise dont le cours est « régi par la loi de l'offre et de la demande. » A ce point de vue, l'organisation du travail a pu être singulièrement simplifiée, même dans les plus grands ateliers. Les devoirs compliqués et les obligations réciproques que la loi suprême et la coutume des peuples prospères conservaient depuis un temps immémorial, ont été supprimés, aux termes d'un texte qui, réuni au précédent, constituerait à la fois l'axiome et le dogme du travail. « Quand deux ouvriers « courent après un patron, le salaire baisse; « quand deux patrons courent après un ouvrier, « le salaire monte. » Tel est le fait brutal auquel on subordonne les rapports du patron et de l'ouvrier. Telle est la loi de laquelle on fait dériver la science qui doit régler les rapports sociaux dans le monde du travail[3].

[2] Sur les rapports de l'économie politique et de la morale, par M. A. Delaire (*Bulletin de la Société d'Économie sociale,* t. V, p. 228, mars 1876.) === [3] Au contraire, d'après la pratique des sociétés prospères et selon les instructions du Concile de Trente, les rapports des maîtres et des serviteurs sont régis par le IVe commandement du Décalogue, parce que « les supérieurs doivent « aimer leurs inférieurs comme leurs enfants; et les in- « férieurs, de leur côté, doivent aimer, craindre et res- « pecter leurs supérieurs comme leurs pères ». (*An-*

D'après cette science, et surtout d'après l'interprétation que trop de patrons lui donnent, l'atelier n'est plus une famille : c'est un marché. L'ouvrier et le patron sont deux contractants en présence. L'un vend, l'autre achète du travail. Le prix est débattu. Quand la marchandise est livrée, et le salaire payé, tout est fini. Les deux parties sont quittes.

Mais cette libération réciproque, qu'on vante comme une conquête et comme un progrès pour la dignité humaine, produit en réalité des fruits empoisonnés : le chômage, le paupérisme et l'antagonisme social.

Le sinistre tableau de ces souffrances a été peint pour notre pays par des observateurs exacts et consciencieux, qui n'ont rien exagéré. Pour l'Angleterre, des enquêtes officielles ont fait d'effroyables révélations : elles ont mis au jour des faits qui révoltent la conscience, et nous font descendre, selon le texte même de ces enquêtes, au-dessous de la barbarie, jusqu'à la bestialité. Les États-Unis et les États allemands sont en proie au même fléau [1].

nuaire de l'Union pour l'an 1875 ; Le Décalogue dans l'ancienne France, par M. Ch. de Ribbe.)

[1] Pour la description des maux de toutes sortes qui pèsent aujourd'hui sur le personnel des ateliers de l'Occident, on peut se reporter aux ouvrages de MM. Vil-

Cette situation est anormale et pleine de dangers. Le mal existe ; beaucoup d'ouvriers souffrent : c'est un fait malheureusement indéniable.

En présence de ces souffrances, les chefs d'industrie, débarrassés, par le faux dogme du travail, des devoirs traditionnels du patronage, jouissent sans remords du bien-être que leur procure la richesse accumulée. Assurément ils ne restent point insensibles au triste spectacle des misères qu'amènent les chômages périodiques ou qu'entretiennent les défaillances physiques et morales de leurs ouvriers. Ils donnent, à titre d'aumône, une partie de leur superflu ; et quelques-uns se dévouent personnellement à compléter ces secours par des consolations. On voit même beaucoup de riches, étrangers au monde du travail, consacrer leur vie entière à l'assistance des pauvres, et faire de ce service une profession exercée avec méthode et ennoblie par le dévouement.

Ce régime d'assistance a des inconvénients

lermé, A. Blanqui, Louis Reybaud, H. Baudrillart et Jules Simon ; aux enquêtes parlementaires de l'Angleterre, et aux révélations quotidiennes de la presse allemande. — Voir aussi : *La Réforme sociale*, 26, XV ; 49, III. — *L'Organisation du travail*, § 27. — *La Constitution de l'Angleterre*, VI, II. — Les mêmes souffrances se manifestent en Amérique (Cl. Jannet, *Les États-Unis contemporains*, ch. 23).

graves dont l'ancien régime de patronage était
exempt. Le principe du mal consiste en ce que
l'assistance n'oppose que des palliatifs impuissants à une maladie dont le patronage prévenait
l'éclosion. Quant au mal, il se fait sentir à la
fois dans l'ordre économique et dans l'ordre
moral. L'assistance gaspille improductivement
des ressources à l'aide desquelles le patronage
assurerait le présent et l'avenir des populations.
En fait, l'ouvrier reçoit, avec des sentiments
fort opposés, le secours de son patron et l'assistance venant de l'impôt ou d'un bienfaiteur
étranger à son atelier. Il s'honore du secours,
car il y voit une preuve d'affection, et il sait qu'il
a le pouvoir de s'acquitter en respect et en dévouement. Il est humilié par l'assistance, car il
ne peut payer sa dette; il sait d'ailleurs que l'origine du bienfait n'est point un sentiment d'affection spécialement conçu pour sa personne.

Sous le régime actuel d'assistance, l'ouvrier
reste donc étranger aux sentiments de respect
et de dévouement; il est même souvent porté à
prendre en haine l'organisation de la société.
Si, dans ces conditions, survient un agitateur
habile, disposé à fonder sa fortune sur l'antagonisme des maîtres et des ouvriers, il a pour lui
toute chance de succès. Il s'interpose au milieu
des deux intérêts en se donnant la mission qu'il

est incapable de remplir, mais que les maîtres ont abandonnée. Il se garde d'indiquer à la société, qu'il exploite à son profit, le vrai moyen de rétablir la paix. Par ignorance ou par perfidie, il s'arme d'une fausse science : il peint sa sympathie pour les humiliations et les souffrances des ouvriers; et il impute le mal soit à l'oppression exercée par les capitalistes, soit à l'organisation vicieuse du travail et de la société. Il déclare qu'un remède radical est nécessaire, et il donne sa formule. Qu'on l'applique, qu'on bouleverse les rapports sociaux, et aussitôt l'enfer du travail sera transformé en un véritable Éden [5].

Pour réfuter ce cri de guerre et de haine, il ne suffit pas d'analyser didactiquement les éléments qui concourent à la production des richesses, de prouver que le travail manuel n'est qu'un de ces éléments, mais que l'intelligence et le capital, perfidement omis par les inventions du communisme contemporain, ont aussi droit à leur part de rémunération. On fait une œuvre stérile en se bornant à dire que le régime actuel

[5] Précis des faits sociaux exposés par M. Karl Marx dans l'ouvrage ayant pour titre : *Le Capital.* — Appréciation de la méthode de l'auteur. Réfutation de sa doctrine et de sa conclusion, par M. Funk-Brentano, professeur à l'École libre des sciences politiques. (*Bulletin de la Société d'économie sociale*, t. V, p. 199. Mars 1876.)

4

est conforme à l'équité, que la liberté du travail suffit à tout; que, si les lois économiques peuvent amener certaines conséquences douloureuses, en somme le bien l'emporte sur le mal; et qu'en conséquence il faut « laisser faire et laisser passer [6] ».

Cette résignation aux « réalités du progrès social » est facile quand on n'a qu'à la conseiller [7]. Mais si la foi et la religion peuvent la prêcher

---

[6] Voici, par exemple, les conclusions du *Rapport* fait par M. Ducarre, membre de l'Assemblée nationale, au nom de la commission d'enquête parlementaire, sur les conditions du travail en France : « La liberté du travail, formulée « par Turgot, décrétée par la grande Constituante, est la « raison d'être de notre prospérité individuelle. Elle laisse « à tous les citoyens français, ouvriers et patrons, le soin « de régler leurs rapports professionnels comme ils l'en- « tendent. Elle interdit à toute collectivité, quels que soient « son nom, sa forme ou son origine, de se substituer à « leur initiative personnelle. — Les lois actuelles n'in- « terviennent que pour protéger et faire exécuter les con- « ventions librement consenties par eux et entre eux. Per- « fectibles comme toutes les œuvres humaines, ces lois « doivent être tenues au courant, au niveau du progrès « et de la civilisation; mais elles doivent respecter avant « tout, et de la manière la plus absolue, *la liberté indi-* « *viduelle du travail.* » — L'auteur a omis d'indiquer, en se référant aux faits de l'enquête, quel est l'usage que les patrons doivent faire de cette liberté. == [7] « Il faut « se résigner et ne pas méconnaître les réalités du pro-

au nom des croyances éternelles et des promesses de la vie future, peut-on espérer que la philosophie et l'économie politique réussissent à l'imposer? Comment croient-elles enchaîner, devant cette abstraction du progrès social, les appétits qui se révoltent sous l'impulsion de la souffrance et des prédications subversives [8]?

« grès social; il faut se dire que, si la liberté ne donne
« pas encore tout ce qu'elle doit donner, c'est que nous
« avons plutôt la reconnaissance du principe que la pra
« tique de la chose. » (Discours prononcé le 9 janvier 1876
par M. Jules Simon, au Havre, à l'occasion de l'inauguration du cercle Franklin.)

[8] Pierre Leroux exprime la même pensée dans un curieux passage : « Autrefois », dit un ouvrier interpellant la
société moderne, « il y avait un Dieu dans le ciel, un
« paradis à gagner; j'avais ma part dans cette société,
« car, si j'étais sujet, j'avais au moins le droit du sujet,
« le droit d'obéir sans être avili. Mon maître ne me com
« mandait pas sans droit, au nom de son égoïsme : son
« pouvoir remontait à Dieu, qui permettait l'inégalité sur
« la terre. Nous avions la même morale, la même reli
« gion... Je supportais pour mériter, je souffrais pour
« jouir de l'éternel bonheur... J'avais les prières, j'avais
« les sacrements, j'avais le saint sacrifice, j'avais le re
« pentir et le pardon de Dieu... J'ai perdu tout cela. Je
« n'ai plus de paradis à espérer, il n'y a plus d'Église;
« vous m'avez appris que le Christ était un imposteur. Je
« ne sais pas s'il existe un Dieu; mais je sais que ceux
« qui font la loi n'y croient guère et font la loi comme
« s'ils n'y croyaient pas. Donc je veux ma part de la

Tout en laissant à la religion sa tâche d'apaisement, la science sociale a aussi la sienne à remplir sur son propre terrain. Elle ne peut pas s'en tenir à des conclusions purement négatives, et se borner à affirmer que tout est faux dans les revendications des ouvriers, fatal dans leurs souffrances, légitime dans l'organisation actuelle du travail. Il faut aller au delà de la loi « de l'offre et de la demande », qui classe le travail au nombre des « marchandises ». Dans cette recherche, il faut d'ailleurs se garder de rien inventer. Pour résoudre un problème dont les sociétés se préoccupent depuis les premiers âges de leur histoire, il faut simplement s'inspirer du principe des Unions : revenir aux bonnes coutumes du passé et à la pratique des modèles contemporains. En se plaçant à ce point de vue, on est tout d'abord ramené à la notion du patronage, c'est-à-dire à ce mélange intime de devoirs et de droits qu'il impose et accorde au patron comme à l'ouvrier. Partout où cette notion est méconnue, l'antagonisme désole la société; partout, au contraire, où elle est en honneur, la paix sociale répand ses bienfaits sur les maîtres comme sur les ouvriers.

« terre. Vous avez tout réduit à de l'or et à du fumier : je
« veux ma part de cet or et de ce fumier. »

En effet, les maux dont s'inquiètent, à l'ouest de l'Europe, tous les esprits clairvoyants, n'ont pas l'étendue qu'on serait tenté de leur attribuer d'après les faits qui se passent sous nos yeux. Si l'on trace sur une carte de l'Europe la géographie du bien et du mal, on trouve que le bien prédomine encore dans les ateliers de travail. En Orient et dans le Nord, la paix sociale reste le trait dominant : elle est maintenue par la vie pastorale et l'abondance du sol non défriché, par l'organisation patriarcale de la famille, par les engagements permanents, forcés ou volontaires, par la rigueur salutaire du climat. En Occident, beaucoup d'ateliers, quoique privés de la plupart de ces conditions et fondés sur un territoire complétement envahi par l'agriculture et l'industrie manufacturière, conservent à leurs membres les bienfaits de la paix sociale, sous la seule influence d'un patronage vigilant et dévoué. Ils occupent le premier rang dans l'estime publique, non-seulement par le beau spectacle de l'affection réciproque qui unit les maîtres aux ouvriers, mais encore par leur prospérité commerciale.

A l'exposition universelle de 1867, un jury spécial fut institué pour récompenser « les per- « sonnes, les établissements ou les localités « qui, par une organisation ou des institutions

« spéciales, auraient développé la bonne har-
« monie entre tous ceux qui coopèrent aux
« mêmes travaux, et assuré aux ouvriers le
« bien-être matériel, moral et intellectuel ».

Plus de six cents candidatures répondirent à cet appel. Dès le premier examen des faits, le jury reconnut que les plus importantes d'entre elles offraient, malgré l'infinie variété de leurs éléments, des analogies nombreuses et des traits communs. Partout ces caractères étaient véritablement distinctifs; et ils se montraient en rapport si direct avec l'état d'harmonie que ce dernier trait, décelé par des symptômes évidents, a fourni, selon l'avis unanime du jury, un sûr moyen de classer les ateliers concurrents et de distribuer les récompenses.

C'est, en effet, ainsi qu'il fut procédé : et l'on ne peut s'empêcher d'être frappé de cette coïncidence qui est le criterium de la vérité. Interrogés sur la manière dont ils s'y prenaient pour vivre en paix avec leurs ouvriers, les patrons manufacturiers ou ruraux ont fait la même réponse, et préconisé les mêmes pratiques, quels que fussent d'ailleurs leur nationalité, leur genre de travaux, leur milieu social, leur religion, leur forme de gouvernement. A toutes les époques de l'enquête solennelle provoquée par ce grand concours, ils

ont tous tenu le même langage. N'est-ce pas
là une éclatante démonstration de l'efficacité de
ces coutumes essentielles du travail, en tête
desquelles figure la permanence des rapports
qui unissent le patron à l'ouvrier [9]?

Les patrons récompensés en 1867 et beaucoup d'autres qui, par excès de modestie, ne
se sont pas présentés au jury, n'ont pas seulement les mêmes procédés pour le gouvernement de leur personnel. Ils s'inspirent à son
égard des mêmes sentiments; ils ne veulent pas
acquérir des richesses fondées sur la souffrance
de leurs collaborateurs. Ils se considèrent comme
ayant charge d'âmes, comme tenus de veiller à
la sécurité de tous. Ils ne se croient pas autorisés à jeter sur le pavé, au hasard des fluc-
tuations de l'industrie, les familles qui ont mis
leur confiance en eux. Ils se gardent donc bien
de déployer leurs voiles toutes grandes dans les
moments où le vent est favorable, pour n'avoir
pas à les resserrer à l'heure de la tempête ou du
calme plat. A ces époques de crise, ils s'ingénient

[9] *L'Organisation du travail*, ch. ii. — Sur la permanence des engagements entre patrons et ouvriers, par
M. Cheysson; et sur l'organisation des anciens ateliers
agricoles en France, par M. Rameau. (*Bulletin de la
Société d'économie sociale*, t. V, p. 167 et suiv. Février 1876.)

à fabriquer des produits qui pourront s'écouler plus tard, mais qui doivent être momentanément accumulés dans leurs magasins; et c'est à l'aide de ces réserves qu'ils peuvent satisfaire leurs clients quand reviennent les époques d'activité commerciale. L'une de leurs plus fécondes pratiques est d'établir leurs ateliers dans les campagnes, et de procurer ainsi aux familles des moyens d'existence indépendants du travail manufacturier.

Ces liens volontaires permanents ont remplacé avec avantage, dans l'Occident, les anciens régimes d'engagements forcés du moyen âge. Ils ont sur ces derniers une supériorité d'autant plus grande que le travail est plus compliqué, que les patrons sont plus dévoués, que les ouvriers ont plus d'empire sur leurs appétits physiques. Sous le régime des grands ateliers et des machines, les engagements éphémères et l'indépendance réciproque du maître et de l'ouvrier sont compatibles avec les perfectionnements du travail, l'accumulation des richesses et les autres symptômes de prospérité. Toutefois ce régime d'individualisme est condamné par l'expérience de tous les temps, car il a toujours amené, parmi les populations agglomérées sur un sol défriché, la souffrance, puis l'antagonisme social. Lorsque ces maux se développent par le mauvais exemple de maîtres infidèles à la coutume des ancêtres, le patronage maintient encore le bien-être et la paix, dans les ateliers où ces mêmes coutumes sont respectées. Mais on n'a observé jusqu'à ce jour aucune localité où l'antagonisme social ait été guéri par les inventions et les panacées que chaque année voit éclore [10].

L'exposition de 1867 a mis en lumière un certain nombre de ces patrons éminents, dignes d'être proposés comme modèles à tous leurs émules de l'industrie [11]. Il faut espérer que l'exposition

[10] On consultera avec fruit sur la stérilité des panacées modernes et la fécondité des coutumes du patronage, les deux ouvrages suivants : *Les Utopies et les Réalités de la question sociale,* par Xavier Roux; précédées d'une lettre de M. F. Le Play; Paris, Albanel, 1876; 1 vol. in-18; *l'Enquête parlementaire sur les conditions du travail en France;* Conférences ouvrières par M. Léon Rostaing, l'un des directeurs de la papeterie de Vidalon-les-Annonay (Ardèche); Vienne, 1875; 1 vol. in-8º. ═
[11] Voir le *Rapport* du Jury : Paris, Dupont, 1867; in-8º de 182 pages. — En observant les plus essentielles de ces coutumes fécondes, plusieurs patrons ont pu conserver à leurs ouvriers les bienfaits de la paix sociale, même au milieu des agglomérations urbaines. Au premier rang de ces patrons modèles, il faut mentionner MM. Mame, imprimeurs à Tours, auxquels le jury de 1867 a décerné l'un de ses plus grands prix. (*Rapport* cité, p. 62; *la Réforme sociale,* Avertissement des Éditeurs.)

qui est annoncée pour 1878 suivra sur ce point
les traditions de sa devancière. Armés d'une méthode de classement qui a fait ses preuves, et
forts des résultats acquis, ses directeurs tien-
dront sans doute à honneur d'ouvrir une vaste
enquête sur les conditions actuelles du travail
dans le monde. Ils voudront de nouveau signaler à la reconnaissance publique les ateliers où
l'harmonie règne entre le patron et les ouvriers.

En résumé, la santé des ateliers se reconnaît
à certaines pratiques dont la plus importante
est la permanence volontaire des rapports entre
patrons et ouvriers. Même aujourd'hui, cette
permanence est le trait dominant en Europe.
Partout où ce principe fondamental est violé,
apparaissent les maux du paupérisme et de
l'antagonisme social. La restauration de cette
pratique est facile. Elle est féconde, non-seulement pour la paix, qui est le premier besoin
de la vie publique, mais encore pour le bien-être
individuel des patrons et des ouvriers. Elle constitue à la fois, pour les deux classes intéressées,
une bonne action et une spéculation intelligente. Comme on l'a indiqué ci-dessus, chaque
patron, pour rester en mesure de remplir les
obligations qu'il a contractées, est personnellement intéressé à conjurer ce terrible fléau
du chômage, qui est périodiquement ramené

aujourd'hui par la situation instable des ouvriers. Cette difficulté sera donc écartée quand tous les chefs d'atelier rentreront dans la voie qu'un faux enseignement a fait abandonner. Le patronage, fondé sur le testament, résoudra de nos jours, comme il l'a fait dans le passé, la question du travail : seul il peut satisfaire ce sphinx qui dévorera notre société, si l'on ne résout promptement le problème qu'il nous pose.

§ 4. LA PAIX DANS LE VOISINAGE, SOUS LA HIÉRARCHIE NATURELLE DU TALENT ET DE LA VERTU

Les petites unités de la vie pastorale, comme on l'a précédemment montré, forment souvent des sociétés complètes dans la Grande-Steppe d'Asie. Les quatre générations et les nombreux ménages groupés autour de chaque autorité patriarcale n'éprouvent guère dans la vie journalière le besoin de se répandre au dehors. Sauf en ce qui touche les mariages, cette agrégation naturelle trouve en elle-même les aliments de ses affections, les moyens de subsistance et, en général, les légitimes satisfactions que réclament les instincts de sociabilité.

Il en est autrement chez les peuples sédentaires où l'unité patriarcale tend à se restreindre, quand elle n'est pas protégée par de judicieuses institutions. La transformation s'opère à mesure que les populations s'agglomèrent, et que l'agriculture envahit les pâturages et les forêts. Le contraste est devenu complet en France, où la loi détruit systématiquement l'autorité paternelle. Nos codes, en effet, abaissent la famille agricole à la triste condition propre aux chasseurs nomades. Ils imposent à l'unité sociale une instabilité qui n'existe chez aucune autre race. Les deux époux qui fondent un ménage s'établissent toujours hors de la maison paternelle; et ils voient, à leur tour, émigrer successivement tous leurs enfants au moment des mariages. Ils traversent, en vrais nomades, une série d'habitations qui grandissent ou se restreignent en raison du nombre de ces enfants. Ils meurent enfin dans un foyer désert dont tous les éléments sont ensuite dispersés par une vente à l'encan[1].

Entre ces termes extrêmes d'organisation sociale, les familles agricoles, incorporées à des domaines stables, se distinguent par leur état de perfection, quand les pères, maintenus par le testament dans leur dignité de législateurs domestiques, ont le pouvoir de conserver près d'eux une famille nombreuse où se transmet naturellement la tradition des ancêtres. Les races

---

[1] *L'Organisation de la famille*, § 6. — *L'Annuaire de l'Union pour* 1875, p. 269.

qui peuplent les rivages de la mer du Nord, de la Baltique et de la Manche ont offert au monde, depuis dix siècles, les meilleurs exemples. Les pères usent de leur pouvoir pour perpétuer, sur ce littoral modèle, un admirable régime de petite propriété, fortifié et ennobli par un mélange de propriétés moyennes, au-dessus desquelles s'élève de loin en loin un grand domaine. Les familles éparses sur un territoire ainsi divisé ne demandent pas à la circonscription nommée « commune » la satisfaction de tous les intérêts matériels et moraux, auxquels elles ne sauraient pourvoir isolément, comme le font si bien les familles pastorales. Elles remédient à l'impuissance où se trouvent à cet égard les races sédentaires, en constituant des centres de vie locale qu'exprime parfaitement le mot « voisinage ». C'est ainsi qu'en unissant certains intérêts ramenés par l'activité journalière, par les nécessités du travail et par une foule de besoins sociaux, les voisinages modèles constituent des petits centres de vie locale qui fortifient les foyers et les ateliers de la région. Tels sont les établissements destinés à l'enseignement scolaire des enfants et des adultes; les chapelles consacrées au culte; les bibliothèques; les établissements qui rapprochent, autant que possible, des familles les services de la médecine et de la pharmacie; les veillées faites en commun pour l'exécution de certains travaux; les réunions qui procurent les récréations nécessaires à tous les âges et qui offrent notamment à la jeunesse l'occasion de conclure les mariages; les ateliers de forge, de charpente et des autres métiers d'utilité générale; les « corvées récréatives de voisins » qui, dans toute l'Europe, exécutent, sans réclamer de salaire, la besogne urgente qui serait au-dessus des forces de l'un d'eux[2]. La création, l'entretien ou la haute direction de ces établissements et de ces services n'acquièrent leur perfection et leur efficacité que par le concours de certaines supériorités sociales unanimement reconnues. Ces chefs de voisinage reçoivent leur mandat d'une foule de circonstances, parmi lesquelles domine, dans les campagnes modèles citées ci-dessus, la famille-souche[3] liée à la possession des moyens

[2] Ces réunions, que termine toujours un repas copieux, sont une récréation en même temps qu'un travail. Elles portent le nom de *Heummin,* chez les Bachkirs de l'Oural; de *Pomotch,* chez les paysans agriculteurs de la Russie; de *Grandes-journées,* dans le Béarn; de *Devès-Bras,* en Bretagne. (*Les Ouvriers européens*, 2ᵉ édit., II, ɪ, ɪɪ, ᴠ et ᴠɪɪɪ.) === [3] Cette expression est souvent employée dans le texte de la *Bible* et dans les langues du Nord pour exprimer la meilleure organisation de la famille agricole. Elle a été récemment signalée par M. le vicomte de Salve, fondateur

et des grands domaines ruraux. Partout, dans les districts des campagnes comme dans les quartiers des villes, ces besoins de voisinage, en tête desquels figure la conservation de la paix sociale, ont fait naître une hiérarchie fondée sur la tendance spontanée des voisins à se placer sous des chefs désignés par la naissance, la fortune, les services, mais surtout par le talent et la vertu.

Cette libre constitution des hiérarchies naturelles de la vie privée, dans les voisinages, est l'un des enseignements utiles que nous donne l'histoire de tous les temps, et que confirme l'étude des races modèles de notre époque. Elle se reproduit avec les mêmes caractères dès que des populations, poussées par une nécessité impérieuse, sentent le besoin de pourvoir à un intérêt général connu de chacun. Tel est le spectacle qui s'est toujours présenté au milieu des calamités nationales, même en France, malgré le faux dogme de l'égalité, issu du faux

de l'une des Unions locales de la Provence. Quand un paysan des Basses-Alpes, après avoir énuméré la destination de ses divers garçons, arrive à l'héritier du domaine, il dit : « Celui-ci sera la souche de la maison. » (*Aquéu sará lou Cepoun de l'oustaú.*) Le mot *Cepoun* exprime le bloc d'arbre contigu aux racines, qui est employé à la fois comme billot et comme siége dans les chaumières : il correspond exactement au mot *Stamm* des Allemands. — Voir *la Réforme sociale*, 24, V, note 3.

principe de 1789. C'est ainsi qu'à la vue des désastres de 1870, les populations rurales ont spontanément constitué certaines hiérarchies militaires fondées sur la naissance, le talent et la vertu. Aujourd'hui, les voisinages qui demandent le salut à nos Unions locales se groupent avec discernement autour des hommes les plus capables de tenir en parfaite harmonie « les salons de la paix sociale ».

Cette excellente organisation de la hiérarchie naturelle des voisinages, chez les races libres et prospères, s'est toujours produite sous les mêmes influences, celles qui dérivent de la nature de l'homme et de la force des choses. Les chefs de maison, initiés par une longue pratique aux besoins spéciaux de leur famille et aux besoins généraux de la localité, voulant pourvoir à ces intérêts communs en s'épargnant les charges qu'ils imposent, ont toujours été conduits à la même solution : ils ont rejeté le poids de ce service sur ceux de leurs voisins qui pouvaient leur assurer les avantages d'une gestion honnête, intelligente et gratuite ; et, quand ces avantages ont été obtenus, ils n'ont jamais manqué de prodiguer, en échange, les témoignages de respect et d'affection. En organisant ainsi l'autorité dans la vie privée, les voisinages se sont faits les auxiliaires du souverain et des autres pouvoirs chargés d'organiser la vie publique : ils ont désigné au choix de ces pouvoirs les hommes les plus capables de gouverner la commune, la province et l'État.

Ces hiérarchies de la vie privée et de la vie publique n'ont pas été partout organisées avec la perfection qu'on vient de signaler chez les cinq races maritimes de « Normands [4] ». Elles restent néanmoins une des forces de l'Europe. En France, même après les ravages de la Terreur, elles conservèrent jusqu'en 1830, par la tradition des idées et des mœurs, quelque influence sur la direction de la société. Depuis lors, cette influence s'efface chaque jour devant le faux principe et les faux dogmes de 1789. Aujourd'hui la hiérarchie naturelle de la naissance, du talent et de la vertu est combattue plus directement par l'action du suffrage universel, institué pendant la révolution de 1848, par des

[4] On désigne, pour abréger, sous ce nom les Normands proprement dits qui se sont surtout établis dans le nord de la France, ainsi que les Danois, les Jutes, les Angles et les Saxons qui ont envahi l'Angleterre. Les hommes de la Terreur ont détruit en France l'œuvre des Normands; les Anglais l'ont conservée; les Scandinaves et les Hanovriens pratiquent encore les admirables institutions rurales et la hiérarchie sociale de leurs aïeux. Voir *la Constitution de l'Angleterre*, V, 1; et le *Bulletin de la Société d'économie sociale*, t. II, p. 518; t. III, p. 613.

hommes imbus d'utopies hostiles aux principes traditionnels de l'ordre social.

Sous le régime actuel, la France a perdu les forces qui, dans le reste de l'Europe, régénèrent sans cesse la hiérarchie naturelle, c'est-à-dire le personnel de la réforme et du salut. Les classes souffrantes, qui dominent aujourd'hui la société par leurs votes, sont généralement incapables de comprendre les vrais intérêts de leurs familles et, à plus forte raison, ceux de leurs localités. Elles ne s'inspirent donc pas des sentiments qui, depuis dix siècles, poussent les peuples de race normande à constituer leurs hiérarchies. Les sentiments de haine et d'envie, développés par la désorganisation des foyers et des ateliers, rendent suspectes aux populations les autorités naturelles qui seraient dignes de gouverner les voisinages; et celles-ci, de leur côté, sont de moins en moins portées à se charger de ces devoirs.

C'est contre cette funeste disposition des esprits que doivent réagir, par leurs enseignements, les amis de la patrie. Les personnes qui se réunissent en ce moment pour fonder dans leurs voisinages les Unions de la paix sociale sont particulièrement tenues de remplir cette obligation : elles connaissent, par les faits exposés dans leur Bibliothèque, la cause première et l'état actuel du mal qui menace, dans leur existence même, les peuples de l'Occident : elles sont donc dans la voie où elles trouveront les moyens de guérison. Le diagnostic de la maladie sociale se résume en deux faits principaux. En premier lieu, les autorités naturelles des voisinages, des ateliers et des foyers, perverties depuis 1661 par le mauvais exemple des gouvernants, puis égarées, à partir de 1789, par les faux dogmes révolutionnaires, ont formellement enfreint ou tout au moins négligé la pratique de leurs devoirs traditionnels. En second lieu, les populations souffrent de cette négligence ; mais, égarées à leur tour par les faux dogmes et les perfides conseils, elles s'éloignent de ceux qui seuls sont capables de leur rendre le bien-être. Le remède est, par ces deux faits, mis en complète lumière. Il faut, par un enseignement méthodique, purger les esprits du virus révolutionnaire ; ramener par là d'abord les autorités naturelles à des devoirs trop oubliés, puis les populations au respect et à l'obéissance.

On a souvent affirmé que les Français sont plus imbus que les autres peuples du sentiment de l'égalité. On a ainsi expliqué le développement inouï qu'a pris chez nous l'esprit révolutionnaire ; et l'on en a conclu que nous sommes incapables de revenir au respect de l'autorité,

c'est-à-dire à l'un des principes de toute réforme. L'affirmation et la conclusion sont dé-
menties à la fois par l'histoire et par les faits
contemporains. Le trait qui nous distingue le
plus depuis un siècle n'est pas l'amour de l'égalité : c'est l'enseignement acharné d'un faux
principe incompatible avec tout ordre social;
c'est l'antagonisme que cet enseignement a développé dans les foyers, les ateliers et les voisinages; c'est enfin l'envie que l'antagonisme
inspire aux populations à l'égard des autorités
naturelles. Les Français, surtout ceux des classes
inférieures, sont aujourd'hui plus rebelles que
toute autre race au sentiment de l'égalité, même
dans ses manifestations les plus légitimes. Les
vrais devoirs de l'égalité sont d'autant moins
pratiqués, qu'on proclame plus hautement les
utopies que ce mot suggère de nos jours. En
fait, l'égalité des conditions ne se développe
qu'en vaines paroles, et elle se restreint dans
les mœurs par les efforts mêmes de ceux qui
prétendent l'imposer à la nation en faisant
appel aux contraintes légales.

Sous le régime social qui était presque intact
au milieu du xviie siècle et qui se retrouve encore dans beaucoup de vestiges du passé, les
bonnes pratiques d'égalité, celles qui rapprochent les esprits et les cœurs de toutes les

classes, étaient plus répandues qu'elles ne le sont de nos jours. Ces habitudes étaient naturellement créées par une organisation traditionnelle qui ne se prêtait guère aux scandaleuses fortunes amenées par nos révolutions actuelles, mais qui n'entravait pas l'essor des individualités éminentes et ne laissait pas sans appui les faibles et les imprévoyants. De nos jours, au contraire, dégagé de ces influences, qui étaient à la fois un frein et une force, l'individu n'a plus devant lui rien qui modère une élévation trop rapide ou empêche une chute imméritée. Dans cet état de choses apparaissent en même temps l'extrême richesse avec l'orgueil du pouvoir, et l'extrême misère avec les haines qu'elle inspire. De là naît par conséquent l'inégalité sociale avec ses plus redoutables caractères.

Les rapprochements qu'il y a lieu d'établir en France, sous ce rapport, entre le présent et le passé entretiennent, depuis 1789, des débats fort irritants. Les questions soulevées à cette époque n'étaient que trop justifiées par la persistance des abus qui grandissaient sans relâche depuis l'avénement de Louis XIV, après la mort de Mazarin (1661). Elles ont tout d'abord été mal résolues, sous la pression des faux dogmes révolutionnaires, par les violences de la Terreur; et depuis lors, le retour au vrai a été sys-

tématiquement combattu par les aberrations de
la presse périodique, du théâtre et de la littéra-
ture [5]. Sur ces questions d'organisation sociale,
comme sur toutes les autres, la réforme est en-
travée par la passion ou l'erreur et surtout par
les malentendus ; elle sera résolue par la méthode d'enquête appliquée à la comparaison
méthodique des peuples souffrants avec les peuples prospères. En cette matière les mœurs
jouent un rôle prépondérant ; les idées qui s'y

[5] Voir, à ce sujet, la déclaration inouïe faite par M. Bar-
thélemy Saint-Hilaire, dans sa traduction de la *Politique*
d'Aristote. On y trouve notamment cette allégation, parmi
vingt autres de même force : « Les droits proclamés par
« la révolution donnent à la société française une supé-
« riorité incontestable sur les sociétés contemporaines,
« ses imitatrices plus encore que ses rivales. » — On ne
peut mieux signaler la profondeur du mal et la difficulté
de la guérison qu'en citant le texte suivant extrait d'une
déclaration officielle qui a été reçue avec l'admiration
expresse ou tacite de nos concitoyens. Il n'est pas inutile
de rappeler que cette déclaration a été faite 35 siècles après
Moïse, 24 siècles après Confucius et 18 siècles après saint
Paul. — Les principes de la Révolution française ne « sont
« que la justice sociale proclamée et appliquée *pour la*
première fois sur la terre ». (*Message* de M. Thiers, président de la République, 13 novembre 1872.) La France
s'enfoncera dans l'abîme où elle est tombée, tant qu'elle
sera dirigée par des hommes imbus de telles aberrations.
(*Correspondance* n° 4, Pièce I, 20 ; et *Correspondance*
n° 7, Pièce I, 6.)

rattachent sont donc compliquées ; mais, dans le plan de ce Programme, elles peuvent être réduites à des termes simples et concluants.

Les peuples prospères, chez lesquels l'expérience et la raison nous commandent de chercher nos modèles, considèrent « l'aristocratie naturelle » du talent et de la vertu comme le don le plus précieux qui soit acquis aux sociétés [6]. Dans leur opinion, ce don ne leur est transmis que par un petit nombre d'individus. Ceux-ci l'apportent en naissant ; et ils le mani-

---

[6] *L'Organisation du travail*, § 60. — *La Constitution de l'Angleterre*, VI, viii et ix ; XII, iii. — Après avoir vu l'Europe, Th. Jefferson, le démocrate le plus ardent parmi les fondateurs de l'Union américaine, écrivait à John Adams, le 8 octobre 1813 : « Je considère l'aristocratie naturelle « comme le don le plus précieux que nous fasse la nature, « pour l'instruction de la société, pour la direction et le « maniement de ses affaires... La meilleure forme de gou- « vernement est celle qui pourvoit avec efficacité à ce que « les fonctions publiques soient exclusivement confiées à « ces *aristoï* naturels. Je crois que le meilleur remède « est... de laisser aux citoyens le soin de séparer, par des « élections libres, les *aristoï* des *pseudo-aristoï*... Les « hommes de nos États... peuvent avec sécurité se réser- « ver à eux-mêmes un contrôle salutaire sur les affaires « publiques, et un degré de liberté qui, dans les mains de « la *canaille* des villes d'Europe, serait bientôt employé « à la destruction des intérêts publics. » (Conseil, *Mélanges politiques de Jefferson*, t. II, p. 223-220.)

festent, dès le premier âge, par certaines inclinations exceptionnelles et innées. Ces inclinations triomphent habituellement des obstacles opposés dans la société par une foule d'influences, et chez l'individu lui-même par le vice originel. Cependant elles ne reçoivent, en général, tout leur développement que si elles reposent, dès la naissance, sur deux institutions tutélaires : sur une famille imbue des meilleures traditions de la race et comprenant le devoir de les transmettre par l'éducation à ses enfants; sur un patrimoine qui, en procurant les ressources de la vie privée à ces supériorités sociales, les met en mesure de consacrer leur vie entière au bien public. Tels sont les constants mobiles de la prospérité extraordinaire qui s'est longtemps maintenue dans l'histoire de certains peuples, malgré l'impulsion donnée à la richesse, à la culture intellectuelle et à la puissance politique. Sous ces constitutions modèles, on s'applique d'abord à conjurer la corruption qui a frappé tant de races; à cet effet, on demande aux ministres du culte l'enseignement qui retient les individus dans la pratique du Décalogue. Après avoir conjuré le danger d'une chute dont l'imminence est perpétuée par les vices que ramènent les nouveau-nés, les sages veulent élever leur race au premier rang : ils excitent les parents à se servir de l'éducation et du patrimoine pour faire arriver le mieux doué de leurs enfants aux plus hauts degrés du talent et de la vertu. En résumé, les peuples modèles ont toujours trouvé leurs succès dans trois institutions qui ont pour but et pour moyen d'action l'inégalité des individus, savoir : dans la religion, la famille et la propriété.

Il est dès lors facile de comprendre que la France s'égare depuis 1789, en s'inspirant du faux dogme de l'égalité. Elle a fait de vains efforts pour réagir contre la nature de l'homme ; elle s'est de plus en plus écartée du but que se proposent tous les peuples ; et, conduite par une logique imperturbable, elle a marché sans cesse vers l'abîme qui est ouvert devant elle. Elle a désorganisé les foyers, les ateliers et les voisinages : elle n'a pu y établir une égalité chimérique que repousse la nature des choses ; et elle y a détruit les sentiments d'affection, sans lesquels il n'y a ni bonheur individuel, ni prospérité publique. C'est même le résultat contraire qui s'est produit ; et l'égalité proclamée en toute occasion par les lois disparaît de plus en plus dans les mœurs.

En effet, le culte de l'égalité, qui semble avoir en France tant d'adeptes convaincus, n'y possède point les esprits et n'est qu'une trompeuse apparence. Son vrai nom est l'envie ; son vrai but est l'abaissement des supériorités sociales que détruisent sans relâche les institutions de la Terreur, à mesure qu'elles sont reproduites par les restes de nos anciennes institutions. Nul peuple n'a, au même degré que le peuple français, la passion, la fièvre de l'inégalité. Mille traits de mœurs nous en fournissent journellement la preuve. C'est la chasse aux titres de noblesse et aux décorations ; c'est la rudesse et le luxe des parvenus, voulant, à force de morgue et d'extravagance, bien marquer la distance qui les sépare de leurs égaux d'hier et de leurs subordonnés d'aujourd'hui ; c'est l'engouement de la riche bourgeoisie, recherchant pour ses filles un mari titré, fût-il sans fortune, sans moralité, sans talent ; c'est la poursuite des « places », qui entasse les solliciteurs dans les antichambres des gouvernants, multiplie les sinécures, et empiète de plus en plus sur les libertés de la vie privée ; c'est la soif de paraître, la manie de la « poudre aux yeux » ; c'est la séparation des classes dans les wagons, les théâtres, les églises et les autres lieux publics ; c'est enfin la perte des sentiments d'affection et des habitudes de familiarité qui se conservaient traditionnellement au foyer entre les maîtres et les serviteurs. Depuis le milieu du

XVIIIe siècle, les lettrés et les gouvernants ont réussi à détruire ces sentiments et ces habitudes : ils y ont substitué la haine ou l'envie, et non l'attachement à l'égalité légitime.

Le suffrage universel maintenu en tête de notre dix-neuvième constitution, avec des exagérations que condamne la pratique de tous les peuples prospères, est encore un exemple de la déplorable direction imprimée aux esprits par le faux dogme de l'égalité. Ses adeptes s'inspirent de plus en plus des deux sentiments blâmables indiqués ci-dessus : ils envient les supériorités naturelles ; et, autant qu'il dépend d'eux, ils les suppriment pour réduire la société à ses couchés les plus basses. Cette double propension se fait jour, avec un mélange de cynisme et de naïveté, dans de nombreux programmes : elle s'y manifeste à la fois par les sympathies et les répugnances, par les choix et les ostracismes.

La raison et l'expérience nous démontrent qu'il faut soustraire la France à certains scandales que reproduit journellement le suffrage universel ; mais elles nous conseillent aussi de ne point exagérer la nécessité de cette réforme. Les autorités naturelles élevées aux premiers rangs par la naissance et la fortune ont toujours fait la force des peuples prospères, quand elles ont offert aux institutions de la vie privée et de la vie publique un large contingent de talents et de vertus. Si cette alliance de la vertu et de la naissance n'avait pas manqué, dès le début du xviiie siècle [7], après le règne corrupteur de Louis XIV, la France ne donnerait pas au monde le triste spectacle que l'histoire n'avait guère présenté depuis la décadence d'Athènes. Elle ne serait pas tombée, de chute en chute, sous un régime qui, après avoir dégradé et condamné à l'abandon les classes inférieures, leur confie le soin d'instituer par leurs votes des autorités factices. Exercé dans ces conditions, le suffrage universel ruine la France plus que ne l'ont fait en 1871 des catastrophes sans exemple ; mais, comme celles-ci par compensation, il apporte indirectement les dernières espérances de salut. Il rend aux hommes de naissance et de fortune le sentiment de devoirs longtemps oubliés [8] : il les force à com-

[7] Montesquieu, qui n'était point hostile à la noblesse, qui même tenait à honneur de pouvoir justifier de deux cent cinquante ans de noblesse prouvée, écrivait à cette époque : « Je disais à un homme : Fi donc ! vous avez les « sentiments aussi bas qu'un homme de qualité. » (Montesquieu, *Pensées diverses, Variétés.*) *La Réforme sociale*, 9, VIII. — *L'Organisation du travail*, § 17. — *Correspondance* n° 2, Document I. $=$ [8] On ne rencontre, dans les écrits de Joseph de Maistre, qu'un seul

prendre que, seuls, ils ont le pouvoir de sauver la patrie déchue; par là, plus encore que par la crainte, il ramène les âmes généreuses dans les voies du travail et de l'honneur; enfin, sous ces influences réunies, il empêche les âmes moins nobles de rester absorbées dans les engouements du luxe et les quiétudes de la richesse. La réforme immédiate du droit de suffrage n'améliorerait qu'en apparence la vie publique, si elle faisait perdre de vue la réorganisation de la vie privée. Il n'est point utile d'imposer par la force et même par des votes réguliers cette apparence de réforme au milieu d'hommes qui resteraient plus que jamais égarés dans leur égoïsme. A cet égard, il serait dangereux de remettre les esprits sur la pente où les avait placés le coup d'État de décembre 1851 : il faut renoncer à la routine des révolutions et ne pas retomber dans les illusions qui, malgré

passage où il signale la terrible responsabilité qui. pèse sur notre ancienne classe dirigeante. Bonald a été plus hardi. Il écrivait par exemple en 1821 : « C'est la no-
« blesse qui manque partout; et les grands seigneurs en
« ont détruit l'esprit, comme ils en ont, et peut-être parce
« qu'ils en ont détruit les fortunes. La mollesse, le plaisir,
« la vanité, la fureur des jouissances et du luxe ont abâ-
« tardi ces antiques races. Le pouvoir défaillit parce qu'il
« n'y a plus de *ministres,* et jamais la famille ne périt
« que par la faute de ceux qui ont charge de la conserver. »

des intentions généreuses et de rares qualités, ont en définitive abouti à retarder de vingt ans l'œuvre du salut [9].

Dans la situation actuelle de la France, le salut ne peut guère être demandé d'abord à un nouveau mécanisme de gouvernement. Les changements de ce genre, pour être durables, doivent être précédés par ceux qui permettront aux autorités naturelles de restaurer, dans la vie privée, les pratiques du Décalogue. A ce point de vue, trois réformes préalables sont nécessaires. La première, commencée sous la pression des derniers désastres, est celle qui a porté l'Assemblée nationale de 1871 à rétablir la coutume des prières publiques. Nos gouvernants ont ainsi remis en honneur les trois premiers commandements, c'est-à-dire le respect dû à Dieu ; les particuliers doués d'un esprit

[9] On a dit que l'Empire n'a pas voulu faire la réforme. C'est aux lettrés et aux légistes que ce reproche doit être adressé ; et c'est en eux qu'est encore aujourd'hui le principal obstacle. L'Empereur Napoléon III, ayant trouvé dans *les Ouvriers européens* la confirmation de plusieurs idées de réforme qui lui étaient personnelles, daigna appeler l'auteur en 1855 au Conseil d'État, et en 1867 au Sénat. L'Empereur tenta ainsi inutilement de faire pénétrer au sein des deux Corps le désir de ces réformes. Il ne fut pas plus heureux, malgré le concours de M. de Morny, auprès du Corps législatif. (*Correspondances* : n° 1, p. 5 ; n° 4, Pièce I, 12.)

droit sont maintenant engagés dans cette voie; et nos Unions locales leur rappelleront sans cesse qu'ils ne doivent jamais en sortir sous l'impression de prospérités passagères. Les deux autres réformes sont momentanément empêchées par les lois immorales qui détruisent l'autorité paternelle et encouragent la séduction [10]; mais, quand nos gouvernants, éclairés par l'enquête, auront écarté cet obstacle, le respect de Dieu ramènera bientôt le double respect du père et de la femme. Ainsi rentrées sous la protection de la loi suprême, les autorités naturelles auront le pouvoir d'en assurer la pratique; et bientôt elles restaureront la paix dans les foyers, les ateliers et les voisinages. Le spectacle de leurs talents et de leurs vertus produira ses conséquences ordinaires. Les succès obtenus dans la vie privée donneront dès lors aux autorités naturelles l'ascendant nécessaire au gouvernement de la vie publique. Les griefs entretenus par les désordres du passé s'effaceront devant l'évidence des nouveaux services. Enfin, en ce qui touche le droit de suffrage, le vote des populations reconnaissantes devancerait la réforme indiquée par la tradition des vrais modèles.

[10] *L'Organisation du travail,* ch. iv. — *L'Annuaire de l'Union pour l'an* 1875, liv. III, ch. vi, et xi à xvi.

CHAPITRE IV

LE PRINCIPE DE PAIX DANS LA VIE PUBLIQUE

§ 1er. LA SOUVERAINETÉ, GARANTIE SUPRÊME DE LA PAIX
PUBLIQUE

Les familles éparses au milieu de territoires incultes, ou groupées dans un voisinage isolé, conservent aisément la paix quand elles restent soumises au Décalogue éternel. Il n'en est plus de même quand de nombreux voisinages se réunissent pour former une nation ; et la difficulté augmente à mesure qu'ils s'étendent sur un plus vaste territoire. L'harmonie qui se maintenait sans peine dans les rapports journaliers de la vie privée, ne tarde pas à être troublée par les conflits qui surgissent tôt ou tard entre des groupes plus ou moins rapprochés l'un de l'autre, mais séparés par les intérêts et les idées.

Une nation ne peut conjurer les maux qu'engendre la discorde, c'est-à-dire se constituer véritablement, que si tous les éléments locaux reconnaissent au préalable une même souveraineté. Celle-ci se complique avec l'extension du territoire et surtout avec la corruption des mœurs ; mais elle n'a partout qu'une fonction essentielle : prévenir ou réprimer les attentats contre la paix publique.

Cette double mission ne peut être remplie que par le concours intime de deux autorités : l'autorité spirituelle, qui parle au nom de Dieu, agit exclusivement sur les âmes et préside par l'exemple et la persuasion à l'ensemble des rapports sociaux ; l'autorité temporelle, ou le souverain proprement dit, qui dirige la vie publique, qui, disposant au besoin de la force, groupe les unités sociales et les tient rassemblées avec harmonie en un corps de nation. Aucune race d'hommes n'a pu subsister à l'état de société prospère, qu'à la condition d'être préservée contre elle-même par ces deux freins. Dès qu'elle les relâche, la décadence apparaît.

§ 2. LA PAIX DE DIEU

A tous les âges de l'histoire, les peuples qui ont prospéré ont obéi aux préceptes du Décalogue éternel. Ils ont cru que Dieu a révélé ces préceptes au premier homme, et en conséquence ils y ont vu l'expression de *la loi su-*

prême. Au contraire, ces mêmes peuples ont expié par leurs souffrances l'infraction à la loi. La décadence a commencé quand, enorgueillis de leurs succès, ils ont considéré le Décalogue, non plus comme un don de Dieu, mais comme un produit de la sagesse humaine. La souffrance est venue dès qu'ils ont cessé de pratiquer les dix commandements. Enfin, quand ils se sont ouvertement révoltés contre eux, ils ont été punis par des catastrophes.

C'est ainsi qu'ont prospéré, ainsi qu'ont souffert, ainsi qu'ont succombé les nations. Les lettrés du dernier siècle, frappés de ces vicissitudes de décadence et de prospérité dont l'histoire offre le spectacle, avaient essayé d'en pénétrer les causes. Volney, par exemple, avait posé le problème en termes précis [1]. Cependant la solution n'a point été trouvée dans les ruines de Palmyre par un écrivain que les faux dogmes de la révolution avaient égaré ; mais elle est écrite à chaque ligne dans les annales de l'humanité [2]. On y voit se répéter sans cesse

---

[1] « Par quel mobile s'élèvent et s'abaissent les empires, « de quelles causes naissent la prospérité et les malheurs « des nations, sur quels principes enfin doivent s'établir « la paix des sociétés et le bonheur des hommes ? » (Volney, *les Ruines*, ch. IV.) === [2] *Correspondance* n° 3 ; Pièce I, chapitre 3.

les phénomènes sociaux de prospérité et de souffrance, alternant sans retard avec la pratique ou l'oubli de la loi. Les penseurs de tous les temps ont proclamé cette grande vérité.

L'expérience et la raison s'accordent donc pour démontrer que Dieu et sa loi sont l'origine du bonheur, la source de la paix et, par conséquent, le premier principe de la souveraineté.

§ 3. LA PAIX DU SOUVERAIN

On peut encore observer de nos jours une multitude de sociétés où le rôle du souverain et les organes de la vie publique se réduisent à un petit nombre d'éléments. Dans chaque famille, le père et la mère exercent, sans le contrôle d'aucun autre pouvoir, l'autorité que leur confère formellement le Décalogue. Ils commandent à leurs enfants et à leurs serviteurs, au nom de cette loi, en s'y soumettant eux-mêmes, de concert avec leurs voisins.

Les peuples placés dans ces conditions ne sentent pas le besoin de recourir journellement à l'autorité d'un souverain, alors même qu'ils couvrent un vaste territoire. La paix règne dans l'ensemble, parce qu'elle est fortement constituée dans chaque unité sociale.

Cette organisation subsiste depuis les âges les plus reculés dans les grandes steppes de l'Asie centrale, mystérieux laboratoire du genre humain. Là, au milieu des hautes herbes, à l'abri de la corruption, loin des grandes voies de communication et des rivages maritimes, vivent des races pastorales, pour la plupart nomades et soumises au régime patriarcal. C'est de là que sont parties toutes les invasions qui ont peuplé ou régénéré l'Europe et l'Asie, et qui ont infusé un sang jeune et vigoureux aux nations en décadence[1].

C'est dans l'autorité paternelle que se résumait la loi et, pour ainsi dire, la religion des innombrables populations qui, grâce à ce principe, se sont conservées saines et fortes. C'est elle aussi qui explique la merveilleuse vitalité de la Chine, seul pays qui, depuis quarante-deux siècles, ait su garder sa langue, ses traditions, ses mœurs et, pour tout dire d'un mot, sa

---

[1] « Le spectacle qu'offre, au printemps, cette mer de « fleurs est plus charmant et aussi grandiose que celui de « l'Océan. Les habitants de la steppe, lorsqu'ils ne sont « pas corrompus par le contact des civilisés, inspirent au « voyageur, plus que tout autre type de la race humaine, « l'affection et le respect. Tous les occidentaux qui ont « séjourné chez les habitants de la steppe ont éprouvé la « même impression. » (*La Réforme sociale*, 51, XII.)

nationalité. En Chine comme ailleurs, la corruption a souvent entamé ce grand principe; mais aussitôt des révoltes ont affaibli l'empire et rompu les digues qui le protégeaient. Par ces brèches se sont épanchées de la haute Asie des flots réparateurs qui ont ramené, avec les traditions de la steppe, la vigueur et la stabilité. Aujourd'hui encore l'autorité paternelle conserve toute sa puissance dans les campagnes de la Chine; elle frappe d'étonnement et d'admiration les observateurs impartiaux.

L'épreuve et la contre-épreuve sont également concluantes. Laissez à une société le respect du père, elle sera stable et forte; ôtez-lui ce principe, ce ciment, elle tombera en poussière. Le plus sûr moyen d'énerver ou de fortifier un peuple, c'est d'affaiblir ou de grandir chez lui l'autorité paternelle.

Pourtant, même dans les profondeurs de la steppe, et avec la simplicité de la vie patriarcale, certains peuples ont parfois prévu le cas où des défaillances individuelles amèneraient des désordres locaux; et ils recherchent le protectorat d'un souverain institué par la tradition. Quelquefois même, pour se préserver des dangers que ferait courir à leur liberté ce patronage extérieur, ils ont la précaution de se placer, en payant un double tribut, sous la dépendance

de deux souverains dont l'influence se neutra-
lise en se partageant. Ces souverains, assez
forts pour réprimer les attentats intérieurs commis contre la paix ou la loi, se feraient réciproquement échec pour toute entreprise dirigée
contre les traditions ou les coutumes locales.
Tel est le cas des *Dvoédantzi*[2]. Ces peuples demi-
pasteurs, qui résident au midi de l'Altaï, près
de la Grande-Steppe de l'Asie, paient tribut à
chacun des empereurs de Chine et de Russie,
qui règnent à six mille kilomètres de distance,
l'un vers l'Orient, l'autre vers l'Occident.

Ce régime de souveraineté s'est conservé jusqu'à nos jours, et l'on en trouve un curieux
vestige dans la république d'Andorre, au milieu
des Pyrénées françaises, sous la double dépendance de la France et de l'Espagne. En 1790,
l'Assemblée constituante, dans son ignorance
des faits et son mépris du passé, rendit géné-
reusement « la liberté » à cette république ; mais
celle-ci, dès 1805, réclama et obtint la faveur
de redevenir sujette.

Les grandes nations européennes sont aujour-
d'hui celles qui contrastent le plus avec ces
races pastorales. Elles en diffèrent par la diver-

---

[2] Ce nom est donné par les Russes : il signifie « peuples
qui paient deux tributs ». (*La Réforme sociale*, 64, X.)

sité des influences qui président à la vie privée, par le développement donné à l'agriculture,
à l'industrie manufacturière et au commerce,
enfin et surtout par les défaillances morales,
par les aberrations intellectuelles, la soif des
richesses et les besoins de nouveauté qui compliquent sans relâche le domaine de la vie publique. Cette complication entraîne deux conséquences corrélatives : elle multiplie les attentats
contre la paix sociale, et elle étend les attributions du souverain.

La France a longtemps brillé d'un vif éclat
parmi les nations, ses émules. Elle les avait soumises à la suprématie incontestée de son génie,
de sa langue et de ses mœurs. Depuis deux
siècles, au contraire, elle semble avoir pris à
tâche d'altérer ou de saper ses institutions traditionnelles, en cédant aux impulsions successives
du vice et de l'erreur plus funeste encore. Les
représentants de ces institutions les ont dis-
créditées par leurs abus ; les hommes de nouveauté les ont ébranlées par leur orgueil, puis
détruites par leurs violences.

A la suite de toutes ces secousses, la France
a besoin de reprendre son assiette en s'appuyant
sur la justice et la force publique. Mais, pour
remplir efficacement leur rôle, ces deux grands
services appellent d'urgentes réformes. L'opi-

nion publique le comprend depuis nos malheurs, en ce qui touche l'armée. Sans qu'elle ait exactement conscience des principes à suivre et des méthodes à appliquer, elle admet la nécessité d'une réorganisation. Elle enfante, dans une sorte de recherche fiévreuse, les projets les plus divers.

Pour la justice, l'opinion n'en est pas là, et croit la France en possession d'un bon régime. Son optimisme serait sans doute troublé, si elle consentait à étudier ce qui se passe hors de nos frontières. Les défaillances d'un régime militaire éclatent soudainement, à la clarté des champs de bataille ; il n'en est pas de même pour les imperfections et les erreurs d'un régime judiciaire. C'est un mal lent, qui peut miner un pays, mais ne se révèle pas, en un jour de catastrophe, à l'état de fait brutal. Il faut, pour le découvrir, une étude patiente et attentive ; il faut surtout l'enquête demandée plus haut. (II, 2.)

Nous reviendrons tout à l'heure sur la réforme de la justice et de l'armée. Mais, quels que soient les principes de réorganisation, ces deux grands services vaudront surtout par la direction que le souverain imprimera au choix des agents. Nous sommes par là mis en présence de la difficulté que soulève maintenant en France le choix même du souverain. Cette question est bien autrement ardue que celle des réformes militaires ou judiciaires. Nous allons l'aborder avec les égards que méritent toutes les opinions respectables, et avec la déférence que commande la loi actuelle. Dans cet examen, nous prenons uniquement pour règle la sincérité scientifique, qui caractérise la méthode expérimentale appliquée aux faits sociaux.

§ 4. LA QUESTION DU SOUVERAIN, EN FRANCE

La méthode de réforme signalée par tous les grands penseurs, depuis Socrate jusqu'à Montesquieu (II, 2), celle que nous rappelons plusieurs fois dans cet ouvrage, semble, à première vue, donner une solution évidente de cette difficulté. Le passé de la France et l'état présent des grandes nations les plus prospères démontrent, en effet, que les Français devraient commencer leur réforme en écartant une fois pour toutes les embarras inextricables qu'entraînent, dans les conditions spéciales où ils sont placés, les choix périodiques du Chef de l'État. La monarchie transmise par voie d'hérédité, selon l'ordre de primogéniture, est, en effet, recommandée par la pratique des peuples prospères. Elle semble convenir surtout à une nation placée à côté de voisins belliqueux, qui ont demandé à cette institution les succès qu'assure toujours la continuité de pensée et d'action. Aucun des faits enregistrés par l'histoire ne contredit cette règle : tous, au contraire, se réunissent pour la confirmer; et tel est, par exemple, l'enseignement que nous donne le triste sort infligé à la Pologne par la monarchie élective, au contact de trois monarchies héréditaires.

On a, il est vrai, invoqué la révolution anglaise de 1688, comme un exemple de l'avantage qu'un peuple peut trouver à changer ses rois. Notre propre histoire nous montre aussi plusieurs dynasties successivement assises sur le trône, sans que le principe d'hérédité, un moment suspendu, ait cessé de régir la transmission du pouvoir souverain. Au surplus, dès le siècle dernier, l'illustre Edmond Burke, après avoir exposé dans un livre célèbre[1] les faits qui légitimaient à ses yeux la révolution de 1688, a réfuté victorieusement la doctrine qui revendiquait, d'après ce précédent, et au nom des principes de 1789 importés du Conti-

---

[1] *Réflexions sur la Révolution de France. — La Constitution de l'Angleterre*, IX, IV.

nent, le droit pour le peuple anglais de changer ses rois à son gré. Bonne justice a été ainsi faite de cette erreur, qui n'a guère depuis lors reparu chez nos voisins.

Malgré les défaillances qui se renouvellent depuis deux siècles, sous tant d'aspects divers, l'attachement pour le gouvernement héréditaire est encore dominant chez les Français; mais il s'éparpille entre les représentants de plusieurs partis. Il en résulte que l'Assemblée nationale élue en 1871, quoique monarchique en majorité, est arrivée, sous l'influence de ses dissensions, à instituer, le 25 février 1875, un régime de souveraineté élective.

Dans la situation actuelle, où toute discussion nouvelle sur l'organisation définitive des pouvoirs publics peut être écartée jusqu'en 1880, les amis de la paix sociale ont devant eux une voie tracée. Ils sont tenus d'éviter les stériles débats qui, pendant cinq ans, ont agité la dernière Assemblée. Ils doivent surtout employer leurs talents, leurs lumières et leur influence à créer les idées, les mœurs et les institutions, sans lesquelles il n'a existé, chez aucun peuple, ni paix ni stabilité. Cette ligne de conduite s'impose notamment aux conservateurs de toutes nuances qui voient maintenant le danger de nos révolutions. Ils ne sauraient se borner dorénavant à continuer en paroles l'éloge de leurs principes. Ils ont, en outre, à prouver par leurs actes qu'ils sont capables de les appliquer mieux que leurs devanciers ne l'ont fait de 1661 à 1789. Or ils ne peuvent fournir cette preuve qu'en donnant leur concours aux réformes sociales que la France attend en vain depuis un siècle.

Après tant de fautes et de déceptions, un parti politique ne peut gagner la confiance du pays que si ses chefs savent devenir, pour la paix sociale, les coopérateurs les plus prudents et les plus habiles. C'est ainsi, par exemple, que les amis de la monarchie se sont créé des titres à l'estime publique, en faisant éclater leur bravoure et leur dévouement pendant la dernière guerre, sans se préoccuper de la forme du régime et du nom des gouvernants. Ils ont immédiatement recueilli le prix de cette conduite patriotique aux élections du 8 février 1871. Ils obtiendront le même résultat, chaque fois qu'ils agiront en vertu des mêmes sentiments.

§ 5. LA LOI SUPRÊME ET LA LOI ÉCRITE.

La notion de la loi suprême est le point de départ d'une bonne organisation de la justice. Malheureusement, elle a été graduellement altérée en France par les légistes imbus des idées de la décadence romaine, par l'égoïsme ou la faiblesse des souverains, enfin par les faux dogmes de la révolution. C'est donc par le retour à cette notion qu'il faut commencer la réforme, en prenant pour modèles l'étude du passé et l'observation du présent. Ces modèles se trouvent surtout, en France, dans l'époque d'organisation du moyen âge ; à l'étranger, dans la pratique actuelle de l'Angleterre. Malgré plusieurs déviations regrettables, c'est encore dans cette pratique qu'il faut chercher la plupart des enseignements applicables à l'état de notre société.

Les Anglais admettent que la loi suprême a été comprise, par la force même des choses, dans la constitution de toute société prospère ; et ils sont convaincus qu'aucun peuple ne saurait l'enfreindre sans se condamner à la souffrance. Chez eux, les plus hautes autorités en matière de légalité ont déclaré qu'il n'est point permis à la nation d'empiéter, par une loi écrite, sur deux sortes de coutumes, savoir : sur celles qu'ont fait naître pendant dix siècles la pratique du Décalogue éternel et la soumission aux vérités fondamentales du christianisme ; sur celles qui, sous le nom de « droit des gens », ont été établies, depuis les premiers âges, par l'accord des peuples civilisés.

En résumé, selon cette notion fondamentale, ces coutumes constituent, à vrai dire, l'unique loi. Les institutions qu'édictent journellement, sous le nom de « loi écrite », les pouvoirs législatifs, ne sont en quelque sorte que des « règlements sociaux ». Ceux de ces règlements qui sont contraires à la loi suprême doivent être considérés, sous un vrai régime légal, comme nuls et non avenus.

En France, pendant l'époque d'organisation qui prit fin avec le règne de saint Louis, on n'imaginait pas qu'il fût nécessaire de professer cette vérité, mais on s'y soumettait scrupuleusement. L'autorité civile ne promulguait pas de lois écrites : elle se bornait à faire respecter en chaque lieu les coutumes qui dérivaient de la loi suprême. Depuis lors, elle s'est écartée de cette réserve. Peu à peu les souverains et les légistes ont formulé des lois et des constitutions écrites qui violent de plus en plus la loi suprême. Les anciens écrivains français qui ont disserté sur les lois ont conservé, à cet égard, la trace des vérités dont s'inspirent encore les juges de l'Angleterre et des États-Unis ; mais ces vérités tombent de plus en plus en oubli dans les écoles où se forment nos légistes et dans la pratique de nos institutions.

On doit admettre sans doute que notre société moderne, étant plus compliquée que celles du passé, exige aussi des rouages plus nombreux, et fournit une matière législative plus abondante. Mais cette législation si variée et en même temps si mobile, qui remplit nos bibliothèques de ses bulletins, prend-elle son principe et sa limite dans la loi suprême? Nos législateurs comprennent-ils que leurs inspirations changeantes doivent toujours s'arrêter devant la législation immuable qui domine tous les peuples, tous les temps? C'est ce que l'on n'oserait affirmer en voyant nos lois écrites consacrer de véritables attentats contre des principes éternels, par exemple, contre l'autorité paternelle. Les bons citoyens, qui tiennent à honneur de donner l'exemple de la soumission aux lois de leur pays, ne doivent point pousser jusqu'à la révolte leur protestation contre ces désordres législatifs; mais ils peuvent du moins en demander la réforme avec respect, et avec une ténacité infatigable. Cette réforme est le point de départ de toutes les autres; et, tant qu'elle leur sera refusée, les autorités naturelles, indiquées ci-dessus (III, 4), ne pourront guère s'employer efficacement au salut de la patrie.

§ 6. LA JUSTICE

En ce qui concerne la réforme progressive de la justice, les meilleurs modèles doivent être également cherchés dans les vieilles traditions de la France et dans la pratique actuelle de l'Angleterre.

Les Anglais ont conservé aux institutions judiciaires le caractère essentiel qu'elles avaient au moyen âge : ils continuent à les faire dériver de la coutume [1]. Ils ont ainsi empêché une multiplication exagérée des lois écrites ; et, par là, ils ont contribué à maintenir dans les cœurs le respect dû à chacune d'elles. Ils ont recours à un moyen analogue pour faire respecter les décisions adoptées en vertu de la loi : ils réduisent à sa dernière limite le nombre des juges salariés. Pour atteindre ce but, ils emploient deux moyens principaux. Ils repoussent, avec une sollicitude particulière, les institutions qui, sans une nécessité impérieuse, augmenteraient le nombre des procès. Ils ne font jamais intervenir l'autorité du juge dans les débats irritants et prolongés que soulèvent habituelle-

---

[1] *La Constitution de l'Angleterre,* VIII, vii et IX, iii.
— *La Réforme sociale,* 57 et 59.

ment, dans les procès civils ou criminels, l'instruction des affaires et l'appréciation des faits.

En Angleterre, la justice est une véritable institution nationale, qui inspire à tous un respect mêlé d'affection, d'admiration et de fierté. Même les personnes frappées par le jugement savent que le juge a simplement déclaré la peine que la loi applique aux faits constatés par d'autres autorités : elles ne peuvent donc concevoir ni propager autour d'elles la haine contre l'auteur de cette déclaration ; et c'est ainsi qu'est née la coutume en vertu de laquelle tout condamné, même à la peine capitale, salue respectueusement le juge qui vient de prononcer la sentence.

Dans les procès civils, l'instruction est faite contradictoirement par deux *Attorneys,* sorte de procureurs appartenant à une corporation libre, où chacun peut être admis après certaines mesures d'ordre accomplies devant un officier public. Après un échange de documents que les intéressés peuvent abréger autant qu'il leur convient, le demandeur et le défendeur résument dans deux pièces (*Briefs*) les questions de fait et de droit sur lesquelles ils restent en dissentiment. Le jury ordinaire, ou un jury spécial, présidé par le juge, après avoir entendu les avocats et les témoins, rend son verdict sur

les questions de fait. Le juge se prononce ensuite sur les questions de droit et rend la sentence.

Dans les procès criminels, l'instruction est
faite par les officiers de police et par un magistrat du comté où le crime a été commis. Après
avoir entendu les témoins, le magistrat décide
si le prévenu doit être mis en liberté, ou relâ-
ché sous caution, ou enfin incarcéré. Dans les
cas graves, entraînant la mort ou la servitude
pénale, le procès est réservé aux assises du
comté. Les dépositions recueillies sont en-
voyées, à Londres, à l'une des trois cours de
Westminster, et un officier de cette cour dresse
l'acte d'accusation. Quand l'époque des assises
locales est arrivée, cet acte est soumis au
grand jury (de vingt-trois membres), qui, à
la simple majorité de douze membres, déclare
l'accusé libre ou le met en jugement. L'accusé
mis en jugement est invité à déclarer s'il avoue
ou nie sa culpabilité, « s'il plaide coupable
« ou non coupable. » Dans le premier cas, il
entend immédiatement sa sentence; dans le
second, il comparaît devant le juge, assisté du
jury ordinaire de douze membres. On se garde
bien de poser à l'accusé des questions cap-
tieuses, de lui tendre des piéges, d'abuser ou
même d'user contre lui de réponses impru-

dentes, auxquelles il se laisserait aller. L'avocat de la couronne ne poursuit pas avec âpreté une condamnation, et ne considère pas un acquittement comme un échec. Il soutient impartialement l'accusation, et ne réplique à l'avocat de l'accusé que si celui-ci a fait entendre de nouveaux témoins. Le jury déclare, après délibération et à l'unanimité des voix, si l'accusé est innocent ou coupable. Dans ce dernier cas, le juge prononce la peine portée par la loi.

Grâce à l'admirable organisation de cette procédure, dix-huit juges suffisent au service des assises de l'Angleterre, soit pour les affaires criminelles, soit pour toutes les affaires civiles où l'intérêt en litige dépasse la somme de 1,250 francs. Presque toujours, les parties acceptent le jugement. En raison du principe excellent qui exclut toute hiérarchie judiciaire, les plaideurs ne peuvent se livrer à l'espoir de trouver un second juge plus sage que le premier. Ils échappent ainsi à la tentation des appels, c'est-à-dire, à ces débats successifs, qui ailleurs secondent de coupables manœuvres, éternisent les procès, et en aggravent singulièrement les douloureuses conséquences.

Quant aux procès civils pour dettes et dommages, où la valeur en litige est moindre que 1,250 francs, ils sont soumis, avec une procédure plus simple que celle des cours d'assises, à un seul juge, spécial à chaque comté, parcourant périodiquement six ou douze fois par an toutes les localités. Les plaideurs sont autorisés à simplifier d'un commun accord la procédure tracée par la loi : ainsi ils peuvent même lui soumettre les affaires où l'intérêt engagé excède 1,250 francs.

Le principe de la séparation des pouvoirs s'atténue, s'efface même dans l'application à ces limites extrêmes de la vie publique, où les intérêts s'éparpillent, s'enchevêtrent et se confondent sur les moindres subdivisions du territoire. C'est ce qui arrive, par exemple, pour la répression des délits qu'amènent journellement l'esprit de rapine, l'abus des boissons spiritueuses, la corruption des mœurs, la grossièreté des manières, et, en général, les menues infractions à l'ordre social. Cette partie de l'œuvre de paix ne peut être accomplie que par une procédure très-simple, qui agisse sans délai partout où une offense est commise contre les propriétés ou les personnes. L'Angleterre pourvoit depuis dix siècles à cette nécessité par une institution qui offre au plus haut degré le caractère de la permanence [2]. Le roi, lors de son

---

[2] *La Constitution de l'Angleterre*, III, 1; VIII, v à xii.

avénement, confie ce service, pour toute la durée de son règne, à des *Magistrates* opérant (particularité bien digne de remarque) à titre absolument gratuit. Ce corps comprend tous ceux qui sont dignes d'exercer la fonction; et il couvre en quelque sorte la surface entière du pays. Il constitue trois degrés de juridiction où le nombre des juges croît selon la gravité des offenses. Au premier degré, un seul Magistrate juge à son domicile les offenses qui sont punies par une amende de quelques francs, ou un emprisonnement de quelques jours. Au second degré, deux Magistrates siégeant périodiquement dans une petite ville voisine de leur demeure, jugent les offenses pour lesquelles les peines restent inférieures à une amende de 125 francs, ou à un emprisonnement de six mois. Au troisième degré enfin, trois Magistrates siégeant quatre fois par an au chef-lieu du comté, jugent les appels du degré inférieur et deux sortes d'offenses, savoir : sans le concours du jury, celles dont les peines n'atteignent pas l'amende de 250 francs et l'emprisonnement de deux ans; avec l'intervention du jury, celles dont les peines, dépassant ces limites, n'ont pas assez de gravité pour être déférées à la cour d'assises.

Les Anglais améliorent avec une incessante

sollicitude et, pour ainsi dire, journellement
toutes les branches de la justice ordinaire. Ils apportent le même soin à les compléter, en cas d'in-
suffisance, en créant de nouvelles cours pour
satisfaire à des besoins spéciaux. Ils s'appliquent enfin à mettre en harmonie et à rapprocher ces institutions différentes, en conservant
parmi elles l'émulation qui naît de la diversité.
Les réformes relatives au régime judiciaire se
poursuivent surtout depuis 1846, c'est-à-dire
depuis la création des nouveaux juges de comté.
Elles ont conseillé, en 1873, l'organisation de
« la cour suprême », qui réunit ou transforme les
anciennes cours supérieures. La cour suprême
comprend cinq chambres égales en rang, avec
des attributions spéciales. La première chambre
est « la cour de chancellerie », présidée par le
grand chancelier; elle comprend six juges et
rend ses arrêts sous deux législations différentes.
Sous la première, elle se fonde sur la coutume et
la loi écrite, pour juger les procès qui concer-
nent soit les fidéi-commissaires et les établissements d'utilité publique, soit les aliénés, les
idiots et les autres personnes qui ne peuvent
défendre leurs intérêts. Sous la seconde législation, la cour de chancellerie juge selon « l'é-
quité »; elle atteint les fraudes et les dissimula-
tions qui échapperaient à la justice ordinaire;

elle constate certaines obligations indiquées par la loi suprême, mieux que par la loi écrite ou la coutume ordinaire. La deuxième, la troisième et la quatrième chambre correspondent aux trois cours de Westminster qui conservent leurs attributions, sauf la juridiction d'appel, qui est transférée à une cour spéciale. La cinquième chambre comprend quatre cours, savoir : les cours des testaments et des divorces, avec un ou deux juges, opérant ordinairement sans le concours du jury; la cour des faillites, avec un seul juge, assisté du jury; enfin la cour d'amirauté, tenue par un seul juge. Cet ensemble est complété par la nouvelle cour d'appel, où peuvent siéger le grand chancelier, les présidents des quatre chambres précédentes et neuf juges choisis parmi les anciens titulaires des cours supérieures.

La justice anglaise s'élève, sous plusieurs rapports, au-dessus des autres pouvoirs de l'État. L'ascendant social dont elle jouit est dû à deux causes : aux conditions, tirées de l'ordre moral, qui président au recrutement et au choix des juges; à l'organisation, qui réduit à trente-neuf juges le personnel des cours supérieures.

Les Magistrates de comté sont exclusivement choisis par le roi, sur la présentation du grand chancelier. Ils doivent réunir en leur personne les vertus publiques et privées que l'opinion exige fort impérieusement de celui qui prétend être classé comme *Gentleman*.

Les soixante juges de comté et les trente-neuf juges des cours supérieures peuvent être, à raison de leur petit nombre, largement rétribués, et jouissent ainsi d'une situation en harmonie avec la dignité de leurs fonctions et le prestige qu'y attache l'opinion publique[3]. Ils sont choisis exclusivement parmi les *Barristers*[4] qui ont donné, dans l'exercice de leur profession, des preuves de supériorité. Quatre corporations, établies à Londres depuis une époque ancienne, président au recrutement du corps des Barristers. Elles n'exigent, à vrai dire, des aspirants que deux conditions : appartenir à une famille dont le chef est Gentleman ; se montrer, par leurs manières, dignes de leurs parents, pendant un stage de quatre années, et notamment pendant trente-six repas de corps, qui sont une obligation pour les stagiaires.

C'est surtout au sujet de la justice qu'on ne saurait trop rappeler une vérité déjà indiquée. Les Français qui se dévoueront à réformer leur pays par l'enquête trouveront de précieux en-

---

[3] En France, le nombre des juges rétribués s'élève à 5.268. Dans ce nombre ne sont pas compris les 1.012 magistrats remplissant le rôle du ministère public. == [4] *La Constitution de l'Angleterre*, IX, VII.

seignements dans l'ancienne France, qu'ils ne connaissent pas, et chez les nations qu'ils méprisent par ignorance. Ils ne devront pas négliger l'étude des justices simples et gratuites des anciens temps.

Depuis une époque fort reculée, les populations de la Turquie d'Asie conservent avec prédilection une justice à la fois expéditive et gratuite, notamment dans le villayet de Bagdad, le Kurdistan, l'Arabie et plusieurs régions de l'Asie Mineure[5]. Chaque groupe de familles, sédentaires ou nomades, comprend un homme renommé pour sa science et sa vertu, auquel le voisinage s'accorde à demander l'apaisement de ses discordes. Un plaignant, après avoir exposé ses griefs au juge, en reçoit la canne que celui-ci porte habituellement comme symbole de son autorité. Muni de cet insigne, il se rend chez son adversaire, puis, présentant la canne, lui dit : « A la loi. » Quel que soit l'état d'hostilité qui divise les parties, le défendeur ainsi sommé suit aussitôt le plaignant chez le juge, qui, après avoir entendu l'accusation et la défense, prononce un jugement définitif. Le gagnant peut obtenir sans délai et sans frais le jugement écrit

[5] Sur l'organisation de la justice dans l'Empire ottoman, d'après les renseignements communiqués par Suavi-Effendi. (*Les Ouvriers européens*, 2ᵉ édition, II, vi, 20.)

de la main du juge ; à cet effet, il lui fournit le papier, la plume et l'encre nécessaires. Pourvu enfin de cette pièce, il obtient, de l'autorité locale, l'exécution du jugement, comme s'il était possesseur d'un *Ilam,* c'est-à dire d'un jugement écrit par le juge officiel, le *Cadi* [6].

Ce juge patriarcal se préoccupe d'assurer à ses clients une prompte justice. Si, pendant qu'un premier client fait usage de la canne, un second client se présente, le juge lui remet son chapelet et lui confère, par ce second insigne d'autorité, le même droit de sommation. Contrairement à l'opinion généralement reçue au sujet de la justice turque, le juge de ces dernières contrées fait consister son honneur à ne recevoir de qui que ce soit ni salaire ni cadeau.

Les annales de notre vieille France nous fourniraient aussi des exemples intéressants à rappeler sur l'organisation des justices locales.

L'article 72 de la célèbre ordonnance de Moulins (février 1566) avait institué, dans les villes chefs-lieux de bailliage, des « députés de la police » qui pouvaient juger et condamner sans

[6] En Turquie, comme en Angleterre, un jugement comprend les décisions de deux autorités distinctes : le Mufti écrit le Fetva, qui établit le droit ; le Cadi écrit l'Ilam, qui, après avoir établi le fait, juge conformément au droit fixé par le Fetva.

appel jusqu'à soixante sols d'amende, et qui étaient élus en assemblée générale, parmi les notables de la bourgeoisie.

Dans le pays basque, les consuls étaient nommés tous les ans par l'élection populaire, c'est-à-dire par les chefs de famille. En outre de leurs attributions administratives, ils étaient de véritables juges ayant juridiction jusque sur la famille du seigneur[7].

Par arrêt du 3 février 1606, dûment signifié, le parlement de Toulouse permet « aux consuls d'exercer la justice criminelle avec la justice civile, concernant la police, le salaire des serviteurs, la provision des aliments et les autres affaires de peu d'importance ».

Partout, à cette époque, on retrouverait une justice locale et gratuite jugeant sommairement et sans frais les petites affaires et réprimant les attentats quotidiens contre l'ordre public.

Le Code d'instruction criminelle a, il est vrai,

[7] Par lettres patentes du 29 mars 1577, confirmatives d'un règlement de 1573, Henri de Navarre ordonne « que « les Consuls connaîtront de toutes causes civiles ez ma- « tières légères de peu d'importance, faciles à juger, « excepté des matières féodales, sans que les consuls « puissent prendre, en telles matières légères, aucun « salaire... » (V. Lagrèze, *Histoire du Droit dans les Pyrénées*, 1867, pages 109-110 et passim.)

posé le principe de la juridiction des maires comme juges de simple police. Mais ce principe est resté sans application [8].

Un intéressant vestige des institutions juridiques du passé subsiste encore de nos jours, et commande l'admiration de tous ceux qui l'étudient : c'est « la prud'homie des patrons pêcheurs de la Méditerranée ». Les statuts de la prud'homie de Marseille remontent au 14 octobre 1431 [9]. Des lettres patentes du 16 no-

[8] M. Antoine Blanche, premier avocat général à la Cour de cassation, constate l'inutilité du tribunal de simple police, institué, par les articles 138 et 166 du Code d'instruction criminelle, dans les 33.000 communes qui, n'étant pas chefs-lieux de canton, n'ont pas de juge de paix. Il s'exprime ainsi à ce sujet : « La faculté donnée aux « maires, autres que celui du chef-lieu de canton, d'or- « ganiser dans leur commune un tribunal de simple po- « lice, a-t-elle été mise quelquefois en pratique? On « l'ignore. En est-il usé aujourd'hui dans quelques com- « munes de la France? Il est permis d'en douter. » (V. *l'École des Communes*, p. 203.) == [9] Ces statuts furent confirmés le 4 mai 1452 par le roi René, dont l'ordonnance en langue provençale contient le passage suivant :

« Que los dichs pescadors puescan elegir cascun an « quatre bouns homes, que connoisseran de todas las « causas sobre per ellos capitolciadas, lorsquals juraran « de ben et lialment far leur offici. » (Que lesdits pêcheurs puissent élire tous les ans quatre prud'hommes qui connaîtront de toutes les causes portées devant

vembre 1477 investissent les prud'hommes du pouvoir de juger toutes les affaires relatives à l'art de la pêche [10]. D'autres lettres patentes du 15 juillet 1557 leur donnent le droit de juger sans formalités ces sortes d'affaires [11].

Ce privilége de juger en dernier ressort a été confirmé par deux arrêts de la Cour de cassation (19 juin et 13 juillet 1847), et par les nouveaux règlements de la pêche côtière.

Les prud'homies se multiplièrent sur le littoral. En 1618, Toulon en institua pour épargner aux intéressés les pertes de temps et d'argent [12].

Ce tribunal, analogue au fameux « tribunal

eux, et jureront de remplir leur office bien et loyalement.)

[10] « Dans toutes les choses et affaires concernant l'art « de la pêche...; afin que les pêcheurs puissent se bien « gouverner eux-mêmes en toute paix et tranquillité. » (*Les Prud'hommes pêcheurs de la Méditerranée*, par Ch. de Ribbe; Montpellier, J. Martet, 1869.) === [11] « ... Sou-« verainement, sans forme ny figure de procès, sans es-« criptures, ny appeler advocats et procureurs, sur le fait, « forme, ordre, manière de la pêcherie. » (*Ibidem.*) === [12] « Parce que », est-il écrit dans les lettres patentes d'institution, « les procès et différends étant traités par le « juge ordinaire du lieu, ne pouvaient être jugés et ter-« minés qu'après une longue poursuite, ce qui les con-« sumait en frais et dépens, et ensuite parce qu'ils n'a-« vaient pas le temps de vaquer à ces procès sans une « nouvelle perte. » (*Ibidem.*)

des eaux » de Valence, jugeait surtout d'après la coutume. Au commencement du XVIIIe siècle, les prud'hommes repoussèrent avec énergie[13] la proposition d'imprimer leurs coutumes. Le décret du 19 novembre 1859, qui réglemente la pêche côtière, a maintenu la vieille institution des prud'hommes pêcheurs[14]. Leurs fonctions sont essentiellement gratuites. Les formes de la procédure sont restées sommaires. Point de papier timbré, point de formalités longues et coûteuses. Les parties exposent elles-mêmes leur affaire, sans intermédiaire et sans frais. Puis le président s'adresse aux parties : *Tu as raisoun, tu as tort,* dit-il en langue provençale; ou bien il interpelle la partie condamnée par ces mots : *La lei vous condamno.* Tel est le respect dont est entouré ce tribunal, que tous se soumettent sur-le-champ à sa décision. A Martigues, lorsque l'arrêt va être prononcé, l'huis-

[13] Par ce motif « que ces lois étaient gravées dans leur « mémoire, qu'ils se les transmettaient de père en fils, et « qu'ils tenaient à empêcher les procureurs et la chicane « de s'introduire dans leur tribunal. » ═ [14] « Ils connais-« sent seuls, exclusivement, *sans appel, révision ou* « *cassation,* de tous les différends et contestations entre « pêcheurs, survenus à l'occasion de faits de pêche, ma-« nœuvres et dispositions qui s'y rattachent, dans l'éten-« due de leur juridiction. » (Art. 17.)

sier crie à haute voie, dans l'idiome du pays : *Que toute barbe d'homme s'incline, le prud'homme va parler*[15].

§ 7. LA FORCE ARMÉE

Le souverain a besoin d'une force armée, pour réprimer chez ses sujets les infractions à la paix publique et la résistance aux arrêts de la justice. Il doit, en outre, s'appuyer sur cette force pour résister à l'agression ou aux prétentions injustes des peuples voisins. La souveraineté n'a été qu'une vaine apparence, et elle a été incapable de remplir sa fonction essentielle chaque fois que le souverain a été privé de ce moyen d'action. En cela comme dans toutes les branches de la vie publique, la loi de Dieu se montre plus efficace que la force du souverain : partout cette force peut être progressivement réduite à mesure que grandit l'ascendant du Décalogue; l'expérience et la raison s'accordent pour démontrer que les limites de cette réduction correspondent exactement à celles de la vertu.

A raison du double rôle qu'elle doit remplir, la force publique comprend deux subdivisions, la police et l'armée. Leur différence s'accuse

[15] « Que toute barbo d'home calè, lou prud'homé va « parlar. » (*Ibidem.*)

surtout quand règne la paix sociale ; mais elle s'efface quand se développe l'antagonisme. Chez les populations unies et prospères du Nord et de l'Orient, les agents préposés au service de la paix intérieure ne portent que des symboles inoffensifs de l'autorité. Au contraire, dans les agglomérations divisées et souffrantes créées par le régime manufacturier de l'Occident, ces agents sont armés comme les soldats destinés à combattre les ennemis du dehors ; et, parfois même, les soldats de l'armée proprement dite doivent être affectés au service de la paix intérieure. Dans plusieurs régions heureuses de l'Europe, on peut encore voyager des jours entiers sans rencontrer un homme armé. En France, où le mal apparaît avec quelques symptômes précurseurs de la dissolution sociale, les campagnes sont journellement parcourues par des gendarmes ; les villes sont surveillées par des régiments ; Paris est occupé par des corps d'armée.

Les sages de tous les temps ont constaté que la soumission au Décalogue est pour une nation la vraie source de la paix intérieure. Quelques-uns en ont conclu que, sous la même influence, un groupe de nations pourrait inaugurer, sur un continent, une ère de paix universelle. Cette prévision a toujours été déçue, et elle a parfois entraîné de graves mécomptes. Jamais, en effet, on n'a vu un peuple porté par la vertu à 'un haut degré de puissance résister longtemps à la tentation d'opprimer ses voisins. La garantie de la paix internationale n'est donc pas seulement dans la culture de l'ordre moral : elle se trouve presque au même degré dans l'organisation générale des moyens de défense. Les époques les moins désolées par la guerre sont celles où les populations étaient complétement armées, où par conséquent les faibles étaient toujours prêts à s'unir avec succès pour résister au plus fort.

Les petites nations qui se constituèrent au moyen âge, après la désorganisation de l'empire romain, vivaient dans cet état relatif de sécurité que procure la paix armée. Il en fut ainsi surtout pendant le siècle qui précéda l'époque de saint Louis. A la vérité, les familles supportaient toutes personnellement les charges du service militaire : elles conçurent donc souvent le désir d'en alléger le poids ; et elles crurent atteindre ce but en se groupant sous l'autorité de souverains puissants, qui, depuis lors, ont cherché de plus en plus, dans les armées permanentes, le moyen de pourvoir à la défense commune. Mais les habitants actuels des anciennes baronnies n'ont guère à se féliciter de la transformation qui s'est opérée dans la constitution sociale de leurs ancêtres. Aujourd'hui le choc des grandes armées est plus redoutable et plus compromettant pour l'avenir des races européennes que ne l'étaient, au temps des premiers Capétiens, les petites guerres des barons. Depuis les dernières catastrophes, nos concitoyens doivent tous renoncer à l'espoir d'échapper personnellement à l'obligation du service militaire. Il est probable que cette charge va devenir plus lourde et plus formelle pour chaque famille qu'elle ne l'était à l'époque de Louis le Gros.

Les vérités dont il faut s'inspirer pour la réforme des forces militaires de la France se résument donc en deux principes, qui correspondent aux deux grandes subdivisions de la souveraineté, et qui s'imposent aux deux classes d'hommes spécialement préposées à leur service. Les hommes voués à l'enseignement de la loi révélée par Dieu ont à rappeler sans cesse l'obéissance au Ve commandement, et à développer le sentiment d'horreur qu'excite, dans les âmes droites, l'effusion de sang amenée par le promoteur d'une guerre injuste. Ils doivent aussi répandre cette conviction que la paix est à la merci de la première aventure, tant que le droit de déclarer la guerre appartient à un homme, ou à une assemblée politique, plus ou moins impressionnable. La validité des cas de guerre ne peut être reconnue que par une haute cour, comme la cour suprême des États-Unis d'Amérique [1], jugeant avec calme et sérénité, et rendant des arrêts qui soient inspirés non par la passion, mais par la justice. C'est la seule garantie juridique contre les entraînements belliqueux. Quant au « tribunal international, ou amphictyonique des États-Unis d'Europe », ce ne sera pour longtemps encore que le rêve de quelques esprits abusés.

Il est bon que les hommes de paix essaient d'opposer des barrières morales aux actes de violence. Il est plus urgent encore que les hommes de guerre s'appliquent à organiser les forces de mer et de terre selon les bonnes traditions nationales et les meilleurs modèles contemporains.

En ce qui touche la marine militaire, il faut demander des modèles à l'Angleterre et aux États-Unis. Il faut surtout faire appel à la sagesse de ces deux nations, et se concerter avec

[1] Chez les musulmans, toute guerre extérieure ou civile doit être légalisée par la sentence des Ulémas. Cette sentence ou Fetva est proclamée du haut des minarets, et lue à la tête de chaque bataillon par son *Imaun* à l'ouverture de la campagne. Sans cette formalité, aucun musulman ne tirerait l'épée. (*Les Quatre Guerres de la Révolution*, par M. Urquhart.)

elles pour trouver dans cette force un contre-poids à la puissance des armées de terre qui tenteraient de dominer un continent entier. Les traditions du droit des gens ont depuis long-temps fourni ce contre-poids : elles autorisent un belligérant dont les biens privés sont saisis par l'armée qui envahit son territoire, à recher-cher partout sur mer, en vertu du « droit de visite », les biens privés de son ennemi. Cédant à l'une de ces illusions qui l'égarent depuis un siècle, la France a usé, en 1856, de sa prépon-dérance éphémère, pour déterminer les nations européennes à supprimer le droit de visite ; mais les États-Unis ont sagement repoussé cette nouveauté[2]. Le moment est venu de re-prendre la tradition qui garantit le mieux l'in-dépendance des petites nations.

En ce qui touche l'armée proprement dite, le

---

[2] Les représentants du gouvernement des États-Unis ont toujours opposé aux illusions des novateurs une ob-jection qui est restée sans réponse : « Nous respecterons « sur mer la propriété privée de nos ennemis, quand « vous nous garantirez qu'ils respecteront sur terre celle « de nos nationaux. » Voir, à ce sujet, une instructive brochure de M. Urquhart : *La Force navale suppri-mée par les puissances maritimes* (Grenoble, Bavatier frères); et le Rapport de M. Cave sur la marine française depuis la révolution de 1789. (*Bulletin de la Société d'éco-nomie sociale,* t. IV, p. 688, 711, 713.)

modèle est indiqué par la prépondérance actuelle de la Prusse; il s'impose aujourd'hui, comme une dure nécessité, aux Européens du Continent qui veulent conserver leur indépendance. Cependant les inconvénients du régime actuel de paix armée peuvent avoir en France trois compensations, savoir : si on considère désormais l'armée comme l'auxiliaire du droit des gens; si la réforme fournit l'occasion de rétablir dans les mœurs les sept convenances sociales indiquées ci-après; si elle restaure dans les esprits le principe qui a présidé à l'organisation du modèle.

Ce principe enseigne que l'armée exige aux divers degrés de la direction l'action personnelle et la responsabilité du chef. Il est l'âme de toute administration; mais il est encore plus essentiel dans l'armée que dans les autres services publics. En effet, dans l'armée, comme ailleurs, le contrôle des actes est nécessaire. On peut le multiplier à l'infini sans autre inconvénient qu'une dépense inutile. Mais le contrôle est décidément nuisible, quand il entrave l'initiative ou amoindrit l'autorité des chefs. Enfin le pouvoir anonyme des bureaux et l'intervention des corps consultatifs sont le fléau d'une armée quand on leur délègue, à un degré quelconque, l'initiative et l'autorité. Le principe qui identifie partout la réalité de l'action avec la personnalité du chef, avait été momentanément oublié en Prusse à l'époque de corruption qui suivit le règne de Frédéric II : il a été le point de départ de la réforme commencée après le désastre d'Iena, par Stein dans l'administration civile et par Scharnhorst dans les services de l'armée[3] ; il règne de plus en plus dans les détails de l'organisation militaire qui est due à ces grands hommes, et qui se résume en quatre traits principaux :

1° Le Souverain est le chef suprême de l'armée (*Chef der Armee*) ; il exerce personnellement la direction morale des officiers ; il préside au choix et à l'avancement, conformément à des règles qui, au début de la carrière, tiennent compte, avant tout, des sentiments d'honneur et de vertu manifestés par la conduite du candidat et par les traditions de sa famille. Le roi a près de lui les hommes et les documents qui lui sont nécessaires pour remplir son office ; et la direction du personnel, quoique établie au ministère de la guerre, est spécialement rattachée à son cabinet.

[3] Voir les rapports présentés à la Société d'économie sociale par M. Lahaussois : *Sur la Voie de salut tracée et suivie en Prusse après le désastre d'Iéna* ; et *Sur les Réformes en voie d'accomplissement dans l'armée française*. (*Bulletin*, t. III, p. 561 ; et t. IV, p. 283 et 310.)

2º Les principaux chefs de l'armée, indiqués ci-après, remplissent leurs fonctions sous l'autorité directe du roi et sous leur responsabilité personnelle. Dans l'exercice de ces fonctions, ils ont la main, sans être jamais entravés par une autre autorité, sur le personnel, le matériel et les établissements nécessaires à l'action, à l'administration et au contrôle. Ils restent scrupuleusement dans les limites indiquées par la tradition. Mais cette tradition elle-même est le produit de l'expérience et de la raison. Elle a été créée par les nécessités propres à un organisme dont toutes les parties doivent concourir, sans obstacle et sans hésitation, à une action commune. Enfin, en cas de conflit, ils ont recours à la suprême décision du roi. — Le chef d'état-major général de l'armée (*Chef des Generalslabes der Armee*) dirige le service d'état-major, au moyen d'un personnel d'officiers qu'il recrute dans tous les corps d'armée et dans toutes les armes. Ces officiers sont d'abord appelés à suivre les cours d'une école supérieure de guerre, sous la direction du chef d'état-major général de l'armée ; et celui-ci les emploie suivant les aptitudes qu'ils ont montrées et les convenances du service. Ces officiers ne forment point un corps fermé : ils sont employés alternativement dans les états-majors et les corps

de troupes. Enfin le chef d'état-major général
de l'armée prépare les plans de campagne et
préside à leur exécution. — L'inspecteur général de l'artillerie (*General-Inspekteur der Artillerie*) exerce une autorité directe sur les troupes,
les établissements et les services de l'artillerie, dans toute l'étendue du royaume. Il a
sous ses ordres les chefs de six inspections
d'artillerie répartis sur le territoire. — L'inspecteur général du génie (*General - Inspekteur
des Ingenieur-corps und der Festungen*) est le
chef du corps des ingénieurs militaires; il a
autorité sur les corps de pionniers et le service
du génie dans toute l'étendue du royaume. Il a
sous ses ordres les chefs de quatre inspections
permanentes réparties sur le territoire. — Le
ministre de la guerre (*Kriegs-Minister*) préside
à l'organisation financière, à la coordination des
règlements, à certains contrôles généraux, au
service du recrutement et à l'instruction de
l'armée. Mais ce haut fonctionnaire, chef d'un
organisme bureaucratique, se garde bien de
lui attribuer sur l'armée un pouvoir qui ne
tarderait pas à tout envahir. Loin d'être omni-
potent, le ministre ne commande même pas
personnellement les généraux chefs de corps,
qui relèvent du roi seul. Le ministère se dé-
compose en deux branches (*Departements*) : le

département de la guerre, qui s'occupe de l'organisation constitutionnelle et de l'emploi des troupes ; le département des dépenses militaires (*Œconomie Departement*). Il comprend quatre divisions spéciales, savoir : la division centrale, qui traite des affaires que le ministre se réserve ; la division du personnel, qui, selon une indication précédente, est rattachée au cabinet du roi ; la division des invalides ; enfin la division des remontes. Le ministre centralise le service financier. A cet effet, il confie l'ordonnancement des dépenses aux fonctionnaires de l'intendance (*Militair - Intendantur*) qui, sans entraver en rien les chefs de corps en ce qui touche les besoins de l'armée, correspondent directement avec lui pour cet objet. Le ministre dirige certains établissements administratifs destinés à pourvoir aux besoins généraux de l'armée, tandis que tous les services administratifs locaux fonctionnent sous l'autorité des généraux commandant les corps d'armée. — Enfin les commandants de corps d'armée exercent leur autorité sur toutes les troupes qui composent le corps, et sur tout le territoire qui en forme la circonscription.

3º L'organisation des troupes est fondée sur la constitution locale du régiment. Cette constitution répond à sept convenances d'ordre

6

général, savoir : respecter les droits de la famille ; assurer en temps de paix à l'officier les satisfactions dont jouissent les autres professions ; établir la corrélation entre la hiérarchie spéciale de l'armée et la hiérarchie naturelle que créent, dans toute société prospère, la tradition, la fortune, le talent et la vertu ; favoriser dans la vie civile le libre développement des aptitudes professionnelles ; ne point gêner surtout l'apprentissage des professions qui exigent une longue suite d'études ; placer l'officier et le soldat à proximité du lieu où s'accomplit le travail militaire pendant la paix et la réunion au régiment quand survient la guerre ; enfin compenser les charges du service par les satisfactions que donnent à l'officier comme au soldat les amitiés du régiment, les affinités provinciales, l'amour de la patrie ayant pour mobile le dévouement au roi et au drapeau.

La satisfaction assurée à ces convenances d'ordre général entraîne, au point de vue militaire, des résultats considérables. Le régiment, en temps de paix, ne retient à la caserne que trois soldats sur sept : cependant, dès le jour même où le personnel entier y est réuni pour faire la guerre, il offre dans tous ses éléments la cohésion qu'on se propose surtout de conserver ailleurs aux régiments dont les soldats sont retenus tous, en temps de paix, à la caserne.

Le recrutement des régiments d'infanterie s'opère au sein d'une population subdivisée en deux districts, appelés « districts de bataillon de Landwehr ». Ces deux districts alimentent à la fois l'armée active et la Landwehr ; ils fournissent aux trois bataillons de leur régiment d'infanterie de l'armée active les jeunes gens de vingt à vingt-sept ans ; en même temps, ils livrent aux deux bataillons de leur régiment de Landwehr les hommes de vingt-sept à trente-deux ans, qui, après avoir constitué les trois bataillons actifs, sont alors réduits en nombre, selon la loi de mortalité. Les districts sont tracés de telle sorte que les soldats présents sous les armes, dans les trois bataillons de l'armée active, forment exactement le centième de la population de ces districts.

4° Les régiments des différentes armes sont groupés par corps d'armée correspondant aux diverses provinces de la monarchie. L'un des corps d'armée, la garde royale, dont le quartier général est à Berlin, se recrute sur l'ensemble du territoire et, autant que possible, le long des voies qui conduisent rapidement vers la capitale, où se trouve le lieu de réunion. L'équilibre est maintenu dans le recrutement de chaque régiment et de chaque corps d'armée, malgré les anomalies assez considérables qui se produisent, d'une année à l'autre, dans les contingents des deux districts ruraux conjugués dont il est précédemment question. On atteint ce but en séparant, des territoires ruraux, certaines agglomérations urbaines ou manufacturières qui dessinent en quelque sorte des îlots épars sur la carte militaire. Ces îlots forment des réserves de recrutement. (Districts de réserve des bataillons de Landwehr.) Les contingents de ces districts urbains sont répartis comme appoints entre les corps d'armée qui en sont le moins éloignés. Ils ne constituent jamais ni un régiment, ni un corps quelconque. L'esprit de suite et de méthode qui, depuis 1808, préside à cette organisation, a tenu compte des forces dissolvantes que développent en Occident les faux principes du travail et les exagérations de la vie urbaine. On a évité de composer des corps distincts avec la population remuante, indisciplinée et souvent immorale des grandes villes : on a eu soin de noyer ces éléments de perturbation au milieu de la masse, plus saine et plus morale, fournie par les campagnes.

Les institutions militaires de la Prusse ne sont point subordonnées à l'une de ces notions absolues d'égalité, qui autorisent leurs adeptes à ne tenir aucun compte des intérêts généraux de la patrie. Les officiers attachés en permanence à un régiment choisissent, comme on l'a dit, les jeunes gens qui aspirent à entrer dans leur corps, en ayant égard aux sentiments d'honneur et à la dignité des manières plus encore qu'à la culture intellectuelle. Les soldats que le tirage au sort affecte au service de l'armée n'y sont pas tous soumis au même traitement. Le « volontariat d'un an » est l'une de ces coutumes d'inégalité qui concilient le mieux les intérêts généraux de la nation avec les intérêts spéciaux de beaucoup de familles. Le volontariat n'a jamais le caractère d'une exemption déguisée : il emploie, au grand avantage de l'État, des aptitudes qui, sous l'aveugle niveau de l'égalité, recevraient une destination moins utile. Il permet aux jeunes gens de continuer, sans interruption trop prononcée, les longues études réclamées par certaines carrières ; mais, par compensation, il met à profit ces mêmes études pour constituer un corps spécial d'officiers qui, en temps de paix, ne coûte rien à l'État et qui, en temps de guerre, encadre très-utilement les troupes. Dans ce système, il y a à la fois économie pour le budget, réserve de forces intellectuelles pour l'armée en campagne, avantage pour les familles qui consentent à supporter de lourdes charges dont les simples soldats sont exempts, enfin conciliation entre l'intérêt de la défense et le recrutement de professions utiles au public.

D'un autre côté, et malgré le principe du service obligatoire, une partie seulement des contingents est appelée sous les drapeaux. Le chiffre des soldats présents sous les armes, dans l'armée allemande, est fixé invariablement à un pour cent de la population totale de l'Empire. Ce chiffre varie par conséquent après chaque recensement périodique. Il s'élève aujourd'hui à 401.659; et il s'obtient au moyen d'un prélèvement de 133.000 hommes sur le contingent annuel. Le reste des jeunes gens valides demeure dans ses foyers et n'est appelé qu'en temps de guerre dans les dépôts. Dès que la guerre est déclarée, et pendant que les soldats de vingt à trente-deux ans exercés et aguerris combattent dans l'armée active ou dans la Landwehr, la partie réservée des contingents est instruite rapidement et fournit bientôt le moyen de combler les vides opérés par la guerre.

Ces continuels perfectionnements apportés à l'organisation de l'armée prussienne sont favorisés par trois causes générales qui étendent leur influence à la nation entière : par le système d'enseignement secondaire, qui repousse les internats et retient les enfants dans la famille ; par les institutions et les croyances, qui conservent aux familles allemandes la fécondité ; enfin par un enseignement historique, qui démontre à la nation que la prospérité dont elle jouit a sa principale source dans le respect des traditions séculaires de la race.

§ 8. L'ACCORD ENTRE LES CLERGÉS ET LES GOUVERNANTS PRÉPOSÉS AUX DEUX SERVICES DE LA SOUVERAINETÉ

Selon l'étude du passé et l'observation du présent, il n'existe pour les peuples qu'un moyen d'être heureux : c'est d'obéir à la fois à Dieu et au souverain [1]. Le malheur survient dès qu'ils se révoltent contre ces deux éléments de la souveraineté, ou seulement contre l'un d'eux. De cette expérience constante de l'humanité est sortie, chez tous les peuples, une conclusion qui est devenue le principe supérieur de leur vie publique et qui se résume dans les termes suivants : ceux qui enseignent au nom de Dieu, comme ceux qui gouvernent par délégation du souverain, ont le devoir d'unir leurs efforts pour tenir les familles dans cet état de soumission. Tel est le point de départ du

[1] *Correspondance* n° 3; chapitre III : la loi de Dieu, principe du bonheur temporel.

problème que les gouvernements modèles de tous les temps ont résolu avec les mêmes convictions, mais aussi par des moyens fort divers.

La solution la plus facile et la plus efficace est celle que les livres saints signalent dans l'histoire d'Abraham. Toutes les races de l'Europe, les chrétiens, comme les juifs et les musulmans, s'accordent à voir dans ce grand patriarche « le père des croyants ». Les catholiques romains rappellent son pontificat domestique aux jeunes époux [2].

Les races patriarcales qui, depuis les premiers âges, parcourent les steppes de l'Asie, imitent encore ces grands modèles offerts aux croyants par la Bible et le Koran. Dans ces vastes plaines, le développement de la famille n'est limité ni par l'espace ni par les moyens de subsistance. Le père retient autour de sa tente, pendant la durée de son existence, trois ou quatre générations de ses descendants. Il suffit au gouvernement de sa petite nation : et il réunit en sa personne la fonction du souverain et celle du pontife. Ce gouvernement est inébranlable, car il est confié à l'autorité la plus légitime et la plus dévouée au bonheur de

---

[2] En procédant au mariage, le prêtre dit : « Que le « Dieu d'Abraham, d'Isaac et de Jacob soit avec vous, et « qu'il répande en vous sa bénédiction. »

ses sujets. Il est pur, car son siége est inaccessible aux influences perturbatrices émanant du commerce et de la vie urbaine. Il résiste même à ces influences dans la vie agricole : ainsi, il se conserve en Chine depuis quarante-deux siècles ; et on le voit encore prospérer dans cet empire chez trois cents millions de ruraux, malgré le voisinage de cités immenses et l'exemple de gouvernants corrompus.

La solution la plus difficile et la moins stable est celle qui s'impose aujourd'hui aux populations riches et lettrées, accumulées sur des territoires complétement défrichés, couverts de villes manufacturières et sillonnés de voies commerciales. Faute d'espace et de subsistance, les familles se divisent à chaque génération. Leurs chefs n'ont pas l'ascendant que donne l'exercice d'une longue autorité. Privés des loisirs inhérents à la vie pastorale, courbés sous le poids des travaux agricoles et manufacturiers, ils ne peuvent guère enseigner la loi de Dieu aux enfants ni gouverner les jeunes ménages. Enfin beaucoup de familles et d'individus isolés, accablés par les difficultés de l'existence, ou affaiblis par les corruptions urbaines, deviennent incapables de servir la paix ou se montrent enclins à la troubler. Dans ces conditions, la prospérité ne se conserve que si deux conditions sont remplies : si la nation est soumise à un souverain craignant Dieu ; si les services de Dieu et du souverain sont confiés à deux classes spéciales, à un clergé et à des gouvernants.

Mais l'histoire ne nous montre pas une seule race d'hommes qui, sous ce régime compliqué, jouisse de l'autonomie persistante que le régime patriarcal assure à la Chine depuis l'époque des fils de Noé. Les deux classes qui président au règne de la paix n'ont pas toujours, même aux bonnes époques, accordé à leurs clients le dévouement que le père et la mère montrent pour leurs enfants, même chez les races sauvages. De là résulte, sous l'impulsion des deux classes dirigeantes, le cercle vicieux où semblent tourner depuis les origines de l'histoire les peuples sédentaires, dits « civilisés », par opposition aux races nomades et patriarcales. Aux époques de réforme sociale, les clergés et les gouvernants préparent la renaissance de la richesse, de la culture intellectuelle et de la puissance politique ; mais ils sont atteints les premiers par la corruption qu'engendre l'abus de ces biens. Si les contrôles émanant de la religion, de l'autorité paternelle et des autres forces de la vie privée sont insuffisants pour conjurer le développement du mal, les clergés et les gouvernants discréditent les principes qu'ils représentent, et le peuple se révolte contre Dieu et le souverain. Quand, au lieu de déborder uniquement par les vices grossiers qui frappent tous les yeux, la corruption provient aussi de l'orgueil et de l'erreur, les deux corps dirigeants se subdivisent en partis politiques et en sectes religieuses : ils entrent en lutte les uns contre les autres et ils déchaînent le fléau des guerres civiles. Dans les deux cas, la nation est frappée de décadence ; et elle ne se relève que le jour où les deux personnels du clergé et du gouvernement reviennent puiser leurs inspirations à la source de toute réforme et de toute prospérité, au Décalogue éternel.

Depuis la Renaissance, les nations de l'Occident sont désolées par l'antagonisme des deux services de la souveraineté. Elles sont en présence du problème que soulève la restauration de la paix intérieure. En ce moment, c'est l'Angleterre qui en donne la meilleure solution. L'accord entre les deux services de la souveraineté repose sur la coutume en vertu de laquelle le roi, lors de son avénement, s'engage à protéger le culte de la majorité représenté par l'Église établie. Toutefois cet accord a pour principal fondement l'admirable caractère des hommes, qui lui-même est formé par les traditions de la famille, plus encore que par les institutions re-

ligieuses et politiques. En fait, le régime anglais
satisfait mieux que tout autre au besoin principal de chaque service, savoir : à l'indépendance spirituelle du clergé officiel ; à la liberté d'action des gouvernants. La constitution
confère ainsi aux pères de famille et au parlement
le pouvoir de conjurer la corruption dans la vie
privée comme dans la vie publique. Enfin la loi
écrite réagit prudemment contre les coutumes
qui, dans le passé, obligeaient les églises nationales à ne point tolérer les dissidences religieuses. Elle autorise même expressément le
libre exercice des cultes dissidents. Dans chaque
royaume de la Grande-Bretagne, l'Église nationale est celle de la majorité : elle est donc épiscopale en Angleterre et presbytérienne en
Écosse. Des discordes séculaires n'ont pas permis d'appliquer le même principe en Irlande ;
mais on a partiellement réparé cette injustice
en 1869, en abrogeant l'Église épiscopale d'Irlande, qui ne groupait qu'une minorité. Cependant telle est l'importance attachée dans les
trois royaumes à l'institution des églises nationales, que beaucoup d'hommes attachés aux diverses communions religieuses estiment que
chacune d'elles est affaiblie par cette abrogation. Il y a même des protestants qui pensent
que le culte catholique constituera légalement

l'Église nationale en Irlande, le jour où tous les Irlandais du Royaume-Uni partageront les sentiments de loyauté que professent pour le roi les épiscopaux et les presbytériens.

Les lettrés du XVIIIe siècle avaient imaginé un autre moyen de conjurer les maux entraînés par l'intervention simultanée des deux principes de paix : c'était de supprimer la religion ou, tout au moins, de lui enlever le rôle qu'elle joue dans la vie publique. Thomas Jefferson, leur disciple, s'efforça de réagir en ce sens aux États-Unis, malgré la résistance de Washington, contre la coutume des religions d'État, sous laquelle avait grandi la Nouvelle-Angleterre. Il réussit, pendant les huit années de sa présidence (1801-1809), à changer dans cette même direction les idées et les mœurs de son pays. Les voyageurs qui ont visité les États-Unis pendant la première moitié de ce siècle ont généralement constaté que les croyances étaient plus fermes et que la paix publique était plus profonde en ce pays qu'en Angleterre; et ils en ont conclu que le principe des religions d'État se trouvait condamné par l'expérience des États-Unis. Mais aujourd'hui la prolongation de l'expérience tourne contre cette conclusion : les premiers succès de la république ont été, non pas l'œuvre du régime inauguré par Jefferson, mais les derniers effets du régime qu'il a combattu. Au xviiie siècle, sous les constitutions sociales qui unissaient les Églises aux États, lá Nouvelle-Angleterre eut des croyances profondes et la paix intérieure : de nos jours, sous le régime de séparation, les États-Unis sont désolés par la guerre civile et le scepticisme. Depuis 1745, époque où ces mêmes fléaux étaient déchaînés chez elle, l'Angleterre nous a offert le changement opposé : elle a donné d'admirables exemples de foi religieuse et de paix sociale. Il est donc permis de dire qu'en cette matière, si controversée de nos jours, la méthode expérimentale attribue la supériorité au régime anglais [3].

De nos jours, les peuples qui jouissent de la paix sociale respectent ou violent plus ou moins l'indépendance qui est également nécessaire au clergé dans le monde spirituel et aux gouvernants dans le monde temporel; mais tous s'accordent à maintenir l'alliance de l'Église et de l'État.

En Russie, pour atteindre ce but, on a réuni, à l'exemple de plusieuss nations anciennes, les deux souverainetés dans la personne du Tzar. Le même régime a été institué en 1833, sous

---

[3] *La Constitution de l'Angleterre*, XII, iii.

l'autorité du roi de Grèce, conformément à la décision des évêques assemblés en Concile.

En Espagne, le libre exercice des cultes dissidents est maintenant réclamé; mais les partisans de cette nouveauté ne combattent en rien la tradition qui unit à l'État l'Église catholique.

En Prusse, le roi est le chef nominal de l'Église formée en 1830, après une longue suite d'efforts, par l'union des Luthériens et des Presbytériens. Il nomme les ecclésiastiques composant les consistoires qui administrent, avec des pouvoirs fort étendus, les établissements religieux de chaque province. Des surintendants généraux, choisis par le roi, ayant le rang et parfois même le titre d'évêque, sont placés à côté des consistoires et servent d'intermédiaires entre eux et le ministre des cultes. Auprès de ce dernier fonctionne le « conseil supérieur de l'Église évangélique » : ce conseil central, composé de laïques, maintient au besoin l'union entre les consistoires provinciaux, et il exerce plusieurs de leurs attributions dans une sphère plus élevée.

En France, depuis 1789, les institutions religieuses ont été soumises à des vicissitudes dont l'exemple ne se trouve point dans l'histoire des autres nations européennes. Sous la Terreur, les gouvernants ont proscrit, avec des persécutions cruelles, le culte de la majorité, et ils ont tenté de créer de toutes pièces un culte nouveau. Le Consulat a rétabli le culte catholique et fait le Concordat. La Charte de 1814 est revenue à la tradition nationale de la religion d'État; mais, depuis 1830, on a repris le régime du premier Empire, qui est une sorte de compromis entre les traditions de l'Europe et les nouveautés de l'Amérique du Nord. L'État subventionne certains cultes; et ses relations avec le chef du catholicisme, c'est-à-dire de la religion de la majorité, demeurent fixées par le Concordat. Le second Empire et le gouvernement inauguré après les désastres de 1871 n'ont point modifié cette situation.

En résumé, les États-Unis d'Amérique sont la seule nation qui, pendant la première moitié de ce siècle, ait paru prospérer sous le régime de la séparation absolue de l'Église et de l'État; mais, depuis lors, on constate au contraire que cette nouveauté tarit les sources de prospérité qui avaient été créées par le régime opposé dans la Nouvelle-Angleterre. Aujourd'hui, comme dans le passé, les vrais modèles conservent l'union des deux pouvoirs en conciliant, autant que le comportent les défaillances de l'homme, l'autorité temporelle de l'État avec l'indépendance spirituelle de l'Église.

CHAPITRE V

---

§ 1er. PRÉPARATION DE LA RÉFORME PAR LE RETOUR AUX PRINCIPES

Les services secondaires, qui sont l'objet de ce dernier chapitre, aident le souverain dans l'œuvre de paix, quand les pouvoirs de la vie privée ne suffisent point à cette tâche. Leur intervention est toujours nécessaire en dehors des régions de l'Orient qui ont été précédemment signalées (IV, 3). Elle se développe avec les nouveautés qui compliquent le régime patriarcal et pastoral, dont le meilleur type est conservé dans la Grande-Steppe. Ce genre de complication a toujours marché de front avec une décadence morale, même chez les races qui ont le plus marqué dans l'histoire. Chez toutes cependant, cette décadence a offert deux époques fort distinctes, malgré le trait qui leur est commun. La première, qui peut concilier le progrès matériel avec le respect de la loi morale, présente, comme nouveautés caracté-ristiques, le défrichement du sol, les manufactures et les arts libéraux, l'accroissement de la population, les rapports internationaux, les agglomérations urbaines, le développement de la richesse chez quelques-uns et de la misère chez beaucoup d'autres. Toutefois cette époque comporte encore des relations de permanence et de patronage entre le riche et le pauvre. Dans la seconde époque, qui est décidément « rétrograde », apparaissent les corruptions provenant des oisifs accumulés dans les grandes cités, la décroissance de la population, les abus de la culture intellectuelle et de la puissance politique, la rupture des liens qui unissaient le riche au pauvre, l'antagonisme social et enfin la guerre civile, qui est l'avant-coureur de la ruine, quand elle ne réveille pas l'esprit de réforme par une de ces réactions salutaires dont nos Unions entrevoient l'aurore.

Le développement des services secondaires, qu'on peut nommer « les mécanismes de paix », est proportionnel aux progrès de cette complication et de cette décadence. Dès que la paix ne peut plus être maintenue par les autorités du foyer, de l'atelier et du voisinage, il faut organiser le service de l'impôt, c'est-à-dire, donner au souverain les ressources nécessaires pour rétribuer le personnel de la justice et de la force armée. On crée ensuite peu à peu trois groupes d'institutions : la police, les prisons et les surveillances qui conjurent, atténuent ou répriment certains désordres sociaux ; toutes les formes d'assistance, que les pauvres ne trouvent plus dans l'organisation de la vie privée ; enfin, un régime de lois écrites et de règlements que réclament l'introduction d'une foule de nouveautés et l'abandon des coutumes fondées sur l'obéissance à la loi suprême.

Ces transformations se sont opérées en France, comme chez les autres grandes nations de l'Occident, après le XIIIᵉ siècle. Elles ont apparu surtout à l'époque de la Renaissance, à la suite de la corruption importée d'Italie par les Médicis à la cour des derniers Valois. Elles ont pris, dès l'origine du gouvernement personnel de Louis XIV, un caractère spécial de gravité. Les mécanismes du gouvernement ne se sont pas seulement multipliés avec les faits de corruption et les entraînements vers la nouveauté. Tous ces mécanismes, tant anciens que nouveaux, ont été faussés par une succession non interrompue d'influences funestes. Ainsi, à partir de 1661, ils ont été ébranlés par les empiétements de la monarchie; discrédités ou détruits sous la Terreur par le principe et les faux dogmes de 1789; reconstitués sous le Consulat et l'Empire à la taille d'un homme exceptionnel et non d'un souverain ordinaire, enfin remaniés ou improvisés brusquement par les violences de dix révolutions qui minent tout ce qu'elles ne renversent pas.

En présence des ruines accumulées par deux siècles, on ne saurait tenter une reconstruction immédiate et générale. Le mécanisme actuel du gouvernement est, il est vrai, lourd et compliqué; mais il est le dernier appui de l'édifice social, qui ne repose plus guère ni sur les fondements éternels de la vie privée, ni sur le principe de paix de la vie publique. C'est donc surtout à l'égard de ce mécanisme qu'il faut appliquer les règles de prudence indiquées précédemment (II, 2). Il faut procéder aussitôt que possible aux réformes qu'indiquent les enquêtes déjà faites touchant les matières traitées aux deux chapitres précédents. Il faut, au contraire, se borner provisoirement à préparer, par de nouvelles enquêtes, les solutions qui se rattachent au présent chapitre.

En cette matière, il sera particulièrement difficile de dissiper la confusion perpétuée jusqu'à ce jour par la complication du sujet, par le mépris des traditions et par l'ascendant des idées préconçues. Pour produire l'évidence, au milieu de tant d'obstacles, il faudra établir une judicieuse division dans le travail des enquêtes. Il sera surtout nécessaire que des hommes spéciaux soient chargés d'étudier comparativement, en diverses contrées, les modèles du gouvernement local et ceux du gouvernement central. On a indiqué dans les deux paragraphes suivants, pour ces deux subdivisions de la vie publique, les idées, les mœurs et les institutions qui semblent assurer le mieux le règne de la paix sociale.

§ 2. LES MODÈLES DU GOUVERNEMENT LOCAL

Les mécanismes qui forment le gouvernement local se groupent et se superposent dans une hiérarchie de circonscriptions territoriales. Ces subdivisions du territoire national sont régies par des chefs qu'instituent le souverain, le peuple et la coutume ; et chacun de ces chefs exerce, dans l'intérêt de la localité, des attributions et au besoin des contraintes qui excèdent les pouvoirs attribués par la coutume et les mœurs aux plus hautes autorités de la vie privée. Les plus petites circonscriptions correspondent aux intérêts communs qui se manifestent dès que sont réunis les premiers rudiments d'une société. Celles qui viennent au-dessus pourvoient aux besoins plus généraux propres aux sociétés plus étendues. Enfin les circonscriptions les plus vastes mettent les populations en rapport avec le souverain : elles défendent au besoin les intérêts et les traditions de la localité contre les empiétements du gouvernement central ou contre l'esprit de nouveauté de ses agents. Dans cette superposition de pouvoirs locaux, la prépondérance n'est pas toujours fixée par la hiérarchie des circonscriptions. Elle appartient à ceux qui pourvoient eux-mêmes à leurs besoins par un service de recettes et de dépenses; qui, en d'autres termes, appuient leur autorité sur un budget qui leur est propre.

Les modèles du gouvernement local se reconnaissent à une organisation financière qui, partout, repose sur les deux mêmes principes et entraîne les mêmes conséquences. Selon le premier principe, on assoit toutes les dépenses locales sur les contributions directes, à l'exclusion des autres taxes et surtout des octrois[1].

---

[1] En France, on comptait, en 1871, un nombre de communes à octroi égal à 1510, englobant une population de 10,397,022 d'habitants, et donnant une recette brute de

Conformément au second principe, chaque service local, formant partie prenante au budget, a un compte séparé dans la recette, comme dans la dépense. Protégé par ces deux principes, le contribuable anglais, en recevant l'avertissement qui lui enjoint de payer ses taxes, voit tout d'abord comment elles se répartissent entre les divers services locaux ; il peut donc comparer le poids de chacune de ses charges avec le profit qu'il en retire.

Les fictions, les sinécures et les abus, qui, sous le régime français, se dérobent dans les replis obscurs du budget, apparaissent au grand jour, et sont dès lors condamnés. Le contribuable voit ce qu'il lui en coûte pour entretenir des services inutiles, si même ils ne sont gênants. Il a la main sur la recette et la dépense. La taxe qu'il paie concourt avec celle que

156,490,936 fr., ou, en défalquant Paris, de 87,580,668 fr. Les frais de perception de cette recette ont été de 12,5 %, ou de 10,844,133 fr.; ce qui produit, en dehors de Paris, une recette nette de 76,736,535 fr. — Les taxes d'octroi ont l'inconvénient d'être mal réparties, d'entraîner de grands frais de perception et de dissimuler aux contribuables les charges qu'ils supportent. Elles ont été supprimées en Belgique après une enquête approfondie, faite en Angleterre conformément aux règles précédemment indiquées. L'ensemble de cette réforme peut être cité comme un modèle. (Voir II, 2, note 4).

paie son voisin à faire les frais d'un service
bien connu : il a donc tout intérêt à surveiller à
la fois l'assiette de cette taxe et son emploi ; et
il peut le faire utilement. Il contrôle sûrement
les déclarations de loyer, de revenu, de prix de
vente. Il critique ces classements de terres, ces
évaluations cadastrales, dont les inexactitudes
ne pèsent pas directement en France sur les
voisins de celui qui les commet, et sont au contraire couvertes par la connivence intéressée de
tout le monde. Quand l'État n'a pour résister à
ces fraudes unanimes que le zèle des agents du
fisc, il est impuissant. Quand, au contraire, tous
les intéressés font bonne garde, qui pourrait
les tromper ?

La réforme aurait en France d'utiles conséquences pour la paix sociale. Les agents financiers seraient dispensés du labeur qu'entraîne
la confection du cadastre, invention coûteuse
et stérile que repoussent les modèles de gouvernement local. Les agents rétribués cède-
raient la place à des fonctionnaires bénévoles,
payés en honneur et en considération. A leur
tour, les familles riches et estimées s'efforce-
raient de mériter les suffrages de leurs concitoyens, et d'appliquer au service public leurs
ressources et leurs facultés. Tous les intérêts se
réuniraient ainsi pour conjurer la corruption

propagée par les riches que le régime actuel condamne à l'oisiveté.

Cette réforme, commandée par l'exemple des peuples prospères, entraînerait donc une réforme morale, et contribuerait à l'avénement progressif d'une classe supérieure, dont la légitimité reposerait sur le talent et la vertu.

Sous ces divers rapports, la société anglaise présente au monde d'admirables modèles. Grâce à la loi suprême, appuyée sur l'organisation financière qui vient d'être indiquée, elle a créé le personnel capable d'imprimer au gouvernement local la meilleure direction. Le *Gentleman rural* est aujourd'hui le type de cette classe dirigeante; et il réunit en sa personne les quatre sources principales de l'autorité publique : la naissance, la fortune, la faveur populaire et la nomination par le souverain. Il reçoit habituellement de ses aïeux le domaine patrimonial, ainsi que les traditions d'honneur et de vertu qui le rendent digne d'accomplir la fonction de Magistrate (IV, 6); mais celle-ci ne lui est conférée par le souverain que si le grand chancelier a préalablement constaté que cette nomination est réclamée par l'opinion publique. Les Magistrates ne forment point une caste fermée : les hommes doués de vertus éminentes peuvent s'y introduire, alors même qu'ils sortent des rangs inférieurs de la société ; tout homme laborieux et doué de discernement peut aisément ouvrir la voie qui y conduira son héritier. Le Gentleman développe ses facultés, et manifeste ses talents et ses vertus, non-seulement comme Magistrate, mais encore comme officier de la milice, de la yeomanry et des volontaires, comme administrateur des trois budgets de la paroisse, de l'Union de paroisses et du comté. Ces fonctions, toutes gratuites, sont fort laborieuses [2]. Elles sont complétées, pour les plus dignes, par l'obligation de défendre, comme député à la Chambre des communes, les intérêts de la localité. Le Gentleman rural, choisi pour représenter au parlement un comté anglais, doit souvent cette distinction aux preuves d'aptitude qu'il a données dans une foule de circonstances où il s'est trouvé en présence d'un public nombreux. Les succès obtenus dans les deux grandes universités d'Oxford et de Cambridge figurent sous ce rapport au premier rang : et il s'agit ici de la supériorité constatée par les rapports sociaux des élèves plus encore que de celle qui est indiquée par les grades universitaires. (Voir la Pièce III.) L'expérience,

---

[2] Voir, aux Pièces annexées, la Pièce II relative aux devoirs publics du Gentleman rural, par M. Marx, Magistrate du Hampshire, membre de l'Union anglaise de la paix sociale.

acquise par le député dans l'administration prudente de son propre domaine et des services
correspondant aux trois budgets locaux, le pré
pare d'ailleurs à remplir sa principale fonction,
le vote du budget de l'État.

Les diverses régions de la France avaient
créé au moyen âge des éléments de gouvernement local comparables à ceux que le Royaume-
Uni a depuis lors perfectionnés. Altéré par la
Renaissance, le gouvernement local a été faussé
ou désorganisé, depuis 1661 par la monarchie,
depuis 1789 par la Terreur et les révolutions.
L'État a détruit les grandes circonscriptions,
et il a envahi les petites subdivisions qu'il leur
a substituées, en s'attribuant les pouvoirs et les
initiatives que la tradition confère, plus que
jamais, aux localités chez tous les autres peuples.
La comparaison des régimes financiers propres
aux diverses époques de notre histoire donne
la mesure de cette désorganisation du gouvernement local. Avant 1661, il existait généralement dans les localités trois degrés de budgets administrés par les contribuables de la
commune, de l'arrondissement et de la province. Depuis la révolution, il n'y a au-dessous
du budget de l'État que les deux budgets de la
commune et du département, dont la direction
appartient à des colonies de fonctionnaires.

Ceux-ci, étrangers à la localité où ils commandent, sont sans cesse mobilisés en temps ordinaire, et souvent destitués en temps de crises politiques. La désorganisation qu'indique si clairement le mécanisme actuel des services devient plus évidente encore quand on étudie la situation faite depuis 1661 au personnel qui, partout ailleurs qu'en France, a seul qualité pour les diriger. Les vrais gentilshommes, ceux surtout qui ont conservé, malgré les spoliations révolutionnaires, le domaine de leurs aïeux, gardent, comme ils l'ont récemment prouvé (IV, 4), un vif sentiment de leurs devoirs envers la patrie ; mais, sous l'influence des cours corrompues du XVIIIe siècle, ils avaient oublié que ces devoirs ont leur siége principal autour de leur domaine [3]. En 1789, le mot

[3] « La haute noblesse achève, sous Louis XIV, son émi-« gration vers Paris et Versailles. Elle dit adieu aux « domaines, aux champs, renonce aux rapports avec le « paysan, qui ne la connaîtra plus guère que par des im-« pôts vexatoires et par l'indifférence, quand ce n'est pas « pis, qu'elle témoigne pour son sort... Locke (1676-1678), « comme plus tard Arthur Young (1784), ne revient pas de « la quantité de terres délaissées, de maisons ruinées. « Pour combien y entrèrent le luxe nobiliaire, dépensant « à Paris le revenu de la terre, la désertion impie de la « propriété par le propriétaire ! » (Baudrillart, *le Luxe sous Louis XIV. — Journal officiel*, 20 mai 1876, p. 8464.)

« gentilhomme » avait perdu pour eux la signi-
fication traditionnelle : les parents n'ensei-
gnaient plus à leurs enfants que la transmission
du nom imposait de grandes obligations ; qu'elle
perdait même toute sa valeur quand elle ne
restait pas liée au respect de la loi suprême et
à la pratique des grands devoirs locaux. La
fidélité au principe « noblesse oblige » avait
fait la France de Louis XII, de Henri IV et de
Louis XIII. L'oubli du même principe a fait la
France révolutionnaire. Le gentilhomme rural
revient, il est vrai, au sentiment de ses obligations ; mais il excite encore la méfiance des
populations ; en sorte que, pour exprimer le
type de la classe dirigeante des campagnes, il
convient d'employer le mot Gentleman, qui conserve en Angleterre son antique ascendant.

Les propriétaires qui dirigent les grands ateliers de l'agriculture, des mines, des forêts,
des manufactures et du commerce, n'ont guère
subi la funeste influence des cours ; mais ils
ont cédé à la déplorable doctrine enseignée
d'abord en Grande-Bretagne par Adam Smith,
puis imposée à la France par les procédés révolutionnaires de Turgot et des hommes de la
Terreur. Par suite de l'oubli de la tradition
nationale, ces milieux sociaux, autrefois si pai-
sibles et si unis, ont vu germer et se déve-

lopper au sein de leurs populations les sentiments de haine et de révolte. En France, comme
dans les autres régions de l'Occident, ces sentiments ont surtout envahi les ateliers, dont les
chefs ont rompu avec les devoirs du patronage.
Cependant cette désorganisation a été moins
encore l'œuvre des lettrés et du « laisser faire »,
que celle des législateurs et du partage forcé.
Il n'est pas, en effet, une seule famille en
France qui puisse échapper aux liquidations
forcées, si ce n'est par la stérilité systématique.
Aucun père n'a donc le pouvoir de léguer à de
nombreux descendants les traditions de paix
sociale qu'il a reçues de ses ancêtres.

En résumé, une classe supérieure, vouée
gratuitement au service public, est le principal
élément d'un bon gouvernement local. La for-
mation de ces gouvernants ne peut avoir lieu
que sous l'influence du respect universel accordé à la loi suprême. Elle est singulièrement
favorisée par un système de recettes exclusivement tirées des contributions directes, par
l'autonomie des contribuables et par une comp-
tabilité qui mette en complète lumière les dépenses afférentes à chaque service.

Quant aux mécanismes à employer, dès le
début de la réforme, pour former ce personnel
et organiser les services, ils peuvent s'adapter,

sans aucune chance de perturbation, aux deux seuls budgets qui groupent aujourd'hui les intérêts locaux dans les deux circonscriptions de la commune et du département.

En ce qui concerne la commune, les traditions de la France et la pratique actuelle de tous les peuples conseillent d'établir une distinction tranchée entre la paroisse rurale, les grandes cités et les communes mixtes [4]. Dans la région rurale qui comprend partout les dix-neuf vingtièmes du territoire [5], les traits principaux du gouvernement offrent beaucoup d'analogies. Les chefs de maison qui paient les taxes

[4] *La Constitution de l'Angleterre*, VIII, xiii. === [5] En France, le tiers de la population est accumulé sur un espace inférieur au vingtième du territoire. Voici comment la statistique mesure le mouvement qui dépeuple les campagnes au profit des villes.

| ANNÉES | PROPORTION POUR 100 HABITANTS | | Excédant de la population rurale pour 100 habitants. | OBSERVATIONS |
	POPULATION rurale.	POPULATION urbaine [2].		
1846	75,58	24,42	51,16	[1] De 1846 à 1872, les villes ont gagné et les campagnes ont perdu 2,500,000 habitants. === [2] La population urbaine est celle des communes au-dessus de 2,000 âmes.
1851	74,48	25,52	48,96	
1856	72,69	27,31	45,38	
1861	71,14	28,86	42,25	
1866	69,54	30,46	39,08	
1871	68,94 [1]	31,06	36,88	

locales nomment par élection les membres
chargés de les lever ou d'en faire emploi. Souvent, comme en Prusse [6] par exemple, l'influence électorale de chaque contribuable augmente comme le montant de sa taxe, et les
élus constituent un « conseil communal ». Sous
la direction de ce conseil, des agents spéciaux
et responsables lèvent les taxes ; construisent
et entretiennent les chemins communaux ; entretiennent, de concert avec le ministre, les
établissements et le matériel du culte national.
Quand la subsistance d'une partie de la population n'est assurée ni par la propriété individuelle ni par le patronage, le conseil préside
également à l'administration de la propriété
commune et des œuvres d'assistance. En se
transportant aux chefs-lieux de canton ou d'ar-

[6] En Prusse les électeurs des villes sont partagés en
trois classes, dont chacune paie un tiers du budget local et
nomme un tiers du conseil municipal. Ce système assure
la prépondérance aux plus forts imposés. — Un régime
analogue règne dans la paroisse anglaise. (*La Réforme
sociale*, 55, II.) — Le système français repose sur de tout
autres principes. M. Lallier a établi que, pour la ville de
Sens, un quart des électeurs ne paie pas d'impôts directs,
un autre quart n'en paie que le 26e. Ainsi les destinées
communales sont aux mains d'électeurs qui ne supportent
ensemble que 4 % des quatre contributions directes.

rondissement [7], les électeurs communaux nomment les députés chargés de représenter leurs intérêts dans l'assemblée départementale [8]. Quand la paix règne dans la région, la coutume dispense de ces déplacements les électeurs communaux : elle rejette cette charge soit sur les conseils communaux, soit sur les magistrats de paix institués par le souverain, parmi ceux que l'opinion publique a préalablement désignés comme possédant les qualités du Gentleman.

En ce qui concerne le département français, des modèles excellents sont offerts par le comté anglais, comme par l'État local des États-Unis, et ils peuvent être utilement complétés par certaines institutions du cercle et de la régence de Prusse. Sous le régime que semble conseiller l'enquête, le département comme le comté est

[7] On ne saurait établir par les mots aucune correspondance précise entre les circonscriptions territoriales des diverses contrées. Ici les mots *canton* et *arrondissement* se rapportent aux deux circonscriptions qui, avec des étendues ou des attributions différentes, viennent partout au-dessus de la commune. === [8] Le département, plus que l'arrondissement et le canton, est l'équivalent de ce qui existe dans les autres contrées. C'est la circonscription qui, au-dessous de l'État, représente les intérêts généraux du territoire le plus étendu. Il correspond à la province prussienne, et encore mieux, à tous égards, au comté anglais.

séparé des grandes cités. Celles-ci sont instituées par la loi avec un gouvernement et une représentation qui leur sont propres. L'Assemblée départementale est formée des magistrats de paix, nommés par le souverain parmi les propriétaires fonciers, auxquels sont joints un pareil nombre de membres élus par les cantons ruraux. Elle dirige les services de la police dans toutes les communes, des prisons, des transports de prisonniers, des poids et mesures, des aliénés, des routes départementales, des établissements d'assistance et des finances. Elle préside à l'estimation directe et contradictoire du revenu exact de chaque propriété, seule base qui puisse être adoptée pour l'assiette de l'impôt foncier ; et elle nomme les receveurs de concert avec les conseils communaux. L'Assemblée est sous l'autorité d'un président, choisi par le souverain parmi les propriétaires fonciers de la région qui est liée au département par les intérêts communs de la haute justice et de la force armée. Elle fait les règlements d'administration locale, dans les limites et sous les contrôles fixés par la loi. Elle nomme les députés qui représentent les localités du département au parlement national. Pour l'expédition des affaires, elle se réunit chaque trimestre et se divise en comités dont les décisions sont

valables quel que soit le nombre des membres
présents [9]. L'administration permanente du département est confiée à un conseil dont les
membres sont nommés par l'Assemblée, en
nombre égal à celui des services. Le conseil
est présidé par le chef du service des finances.
Chaque conseiller est responsable de ses actes
devant le conseil et l'Assemblée : il prend directement les décisions qui ne doivent pas être
soumises à ses collègues; et il contrôle par des
tournées périodiques dans le département les
actes des agents attachés à son service.

Plusieurs départements doivent se concerter
pour régler en commun les intérêts qui se
rapportent à l'organisation de la haute justice
et de la force armée. Jusqu'à notre époque la
religion et la justice avaient été le principe
générateur des subdivisions administratives.
Ainsi, dans le Royaume-Uni de Grande-Bretagne et d'Irlande, la moindre unité communale correspond partout à la paroisse; et le
corps dirigeant est nommé, d'après le lieu où
il s'assemble, *Vestry* (sacristie). Les plus grandes
circonscriptions, c'est-à-dire les trois royaumes
d'Angleterre, d'Écosse et d'Irlande, correspondent aux trois religions dominantes et aux

____

[9] *La Constitution de l'Angleterre,* VIII, vi.

trois cours suprêmes de justice. Mais une dévia-
tion profonde est imprimée en ce moment à la
constitution sociale des Européens. Les grandes
nations continuent, dans leurs rapports mutuels, à ne point tenir compte des prescriptions
de la loi de Dieu. La plus puissante persiste
à maintenir constamment sous les armes un
nombre d'hommes équivalent au centième du
nombre total des habitants. Cet état de choses
détermine rigoureusement la population, et par
suite, les limites territoriales soit de la province
militaire qui correspond au corps d'armée, soit
des circonscriptions inférieures qui correspondent au régiment d'infanterie, au bataillon et
à la compagnie. On peut prévoir que, sous
ces influences, les mécanismes de la force armée pourront prendre une part prépondérante
aux changements que semblent réclamer nos
circonscriptions territoriales. Or, depuis que la
révolution a réduit à néant toute tradition historique pour instituer les départements, ceux-ci
ont été groupés très-diversement pour répondre
aux besoins de la justice, de l'armée, de la
marine, des universités et des autres grands
services publics. Jusqu'à ce jour, le gouvernement central a maintenu cette diversité de
groupement pour empêcher toute restauration
des autonomies provinciales. Cette préoccupa-

tion n'était pas sans motif en 1791, lorsque des gouvernants improvisés, imbus du principe et des faux dogmes de 1789, contraignirent la France à subir une expérience qui n'a pas de précédents connus dans l'histoire [10]. On s'explique d'ailleurs que, dans l'état inouï d'antagonisme social créé par cette expérience manquée, nos gouvernants refusent encore à tout groupe de départements une capitale, des assemblées et même un budget. Toutefois il semble que, sans compromettre en rien la paix publique, on pourrait faire concorder tous ces groupements provinciaux. On rapprocherait mieux les hommes voués aux améliorations physiques,

[10] « Ces prétendus citoyens traitent la France comme « un pays conquis...; ils ont imité la politique des vainqueurs les plus farouches. Ils ont rendu la France libre « à la manière dont les Romains... rendirent libres la « Grèce, la Macédoine et tant d'autres pays; ils ont détruit tous les liens de son union, sous prétexte de pourvoir à l'indépendance de chacune de ses villes... On s'est « vanté d'avoir adopté une disposition géométrique au « moyen de laquelle toutes les idées locales seraient « éteintes... Ce qui arrivera vraisemblablement, c'est « qu'au lieu d'être tous *Français,* les habitants de ce « pays ne tarderont pas à n'avoir plus de patrie. » (Edmond Burke, *Réflexions sur la révolution de France,* 1790.) — Cette prédiction s'est réalisée, en 1870 et en 1871, par un fait inouï : la révolte et la guerre civile en présence de l'ennemi du dehors.

intellectuelles et morales ; et l'on remédierait quelque peu à l'abaissement social infligé à notre race par le morcellement départemental.

§ 3. LES MODÈLES DU GOUVERNEMENT CENTRAL

Sur les territoires où s'éparpillent les pasteurs nomades, les autorités patriarcales, soumises au Décalogue et habituées à la vie la plus simple qu'offrent les sociétés humaines, suffisent depuis les premiers âges au règne de la paix. Chez les races agglomérées où se trouvent de nos jours les meilleurs modèles de paix sociale que comporte la vie sédentaire, ces autorités conservent, il est vrai, beaucoup d'empire ; mais elles doivent être complétées par un gouvernement local. Sous les régimes les plus simples, ces gouvernants des localités gardent en partie les qualités propres aux chefs de famille parmi lesquels ils se recrutent ; mais déjà ils ne peuvent plus assurer seuls la paix sociale. Les autorités locales se montrent de plus en plus défaillantes, lorsque, selon l'expression favorite des contemporains qu'inspire l'esprit de nouveauté, « la civilisation se développe », c'est-à-dire lorsque certaines nations s'élèvent au-dessus des autres par la richesse, la culture intellectuelle et la puissance politique. Le gouvernement des localités se complique beaucoup : il comprend des professions variées qui exigent de longs apprentissages. Les hommes qui s'y consacrent ne puisent plus exclusivement leurs règles de conduite dans les sentiments qui animent les autorités patriarcales. Dans leurs rapports avec ceux qu'ils gouvernent, ils n'ont ni l'ascendant personnel ni le dévouement qui président aux rapports mutuels du père et des enfants. Pour peu que la loi suprême perde son empire sur les esprits, ces hommes montrent habituellement les premiers signes de corruption : ils abusent de leur pouvoir pour satisfaire leurs intérêts ou leurs passions ; et leur moyen habituel est d'exploiter à leur profit, au lieu de les calmer, les défaillances morales qui se produisent au-dessous d'eux. Dès lors ils tendent à devenir les agents de la discorde dans les localités qu'ils gouvernent. Ce danger devient imminent, dès que le territoire d'une race sédentaire s'étend au point que les autorités patriarcales ne puissent plus exercer immédiatement leur contrôle sur les gouvernements locaux.

Dans tous les temps et chez toutes les races, on a compris la nécessité de prévenir ce danger. Partout on a résolu ce problème de la même manière : on a soumis les gouvernements locaux à une autorité supérieure ; on a constitué un gouvernement central. La solution est relativement facile dans les régions peuplées de petites nations, toutes soumises au Décalogue, où les gouvernements locaux sont simples et peu nombreux, où les familles, vouées presque exclusivement au pâturage et à l'agriculture, échappent aux influences délétères du grand commerce et de la vie urbaine. Dans ces conditions, les autorités centrales de chaque nation suffisent à leur œuvre de paix, en gardant une extrême simplicité. Elles se composent d'un souverain conseillé par des sages et servi par quelques ministres qui l'aident à mettre en action les deux rouages essentiels à tout gouvernement, la justice et la force armée.

Cependant l'efficacité de la solution fournie par l'institution du gouvernement central est loin d'être complète. L'expérience de toutes les nations démontre qu'une souveraineté centrale personnifiée dans un homme est nécessaire pour relier et contrôler, sinon pour diriger, les gouvernements locaux ; que d'ailleurs cette nécessité devient plus impérieuse à mesure que les éléments locaux d'activité deviennent plus nombreux, plus compliqués et moins soumis à la loi suprême. Mais elle enseigne en même temps, par de terribles exemples, que l'institution du gouvernement central est loin d'offrir une garantie de paix perpétuelle. Les forces corruptrices qui se multiplient par les progrès de la richesse, de la culture intellectuelle et de la puissance politique ont peu d'influence sur le père de famille, principal agent de la loi suprême, tandis qu'elles agissent beaucoup sur les pouvoirs publics. Leur action est d'autant plus funeste que ces pouvoirs s'élèvent davantage dans la hiérarchie sociale. A toutes les époques, chez toutes les races, l'institution spontanée d'une souveraineté a d'abord fourni de nouveaux éléments de paix et de prospérité aux localités qu'elle reliait et contrôlait; mais cette prospérité même a tôt ou tard amené le résultat inverse : les agents du souverain ou le souverain lui-même, envahis par la corruption, ont abusé de leur situation; et les localités se sont trouvées en présence de deux alternatives. Tantôt, respectant l'autorité de ceux qui agissaient au nom du souverain, elles ont patiemment obéi à l'impulsion venue d'en haut et ont été elles-mêmes entraînées dans le courant de corruption. Tantôt, au contraire, elles ont voulu échapper aux abus de pouvoir, et elles se sont révoltées contre les gouvernants.

Dans la plupart des cas, l'État, après une série

de catastrophes, s'est effondré dans une ruine complète. De ces faits, souvent constatés, est née l'opinion fausse, mais fort répandue, d'après laquelle chaque société, de même que chaque individu, obéirait à des lois fatales d'accroissement, de décrépitude et de mort.

Cette opinion est aussi dangereuse que l'opinion inverse, propagée de nos jours par ceux qui prétendent régénérer les sociétés humaines en invoquant le faux principe de la perfection originelle; qui signalent les inventions matérielles et la culture intellectuelle de notre époque comme les garanties du progrès fatal de l'humanité; qui, ne pouvant nier toutefois que la corruption et la souffrance se multiplient parallèlement aux progrès matériels et intellectuels, attribuent tout le mal à l'action traditionnelle des gouvernements; qui voient, dans la prépondérance sociale des « hommes de nouveauté », l'aurore d'un gouvernement modèle que n'aurait pu constituer, depuis les premiers âges, l'action prépondérante des « hommes de tradition »; qui enfin considèrent que le libre développement de l'esprit humain[1], garanti par le droit de révolte, donnera aux nations le « progrès continu » qu'elles n'ont jamais trouvé dans

---

[1] *La Réforme sociale*, 64, II.

les anciennes coutumes dérivées du Décalogue.

Ces aberrations ont eu surtout pour siége les grandes agglomérations urbaines ; et, quand elles n'ont point été réprimées par un prompt retour aux enseignements de la loi suprême, elles ont amené, pour la race égarée, une corruption irrémédiable ou la perte de la nationalité. La croyance à la décadence fatale persuade aux bons qu'il faut accepter avec résignation les ravages du vice ; et, sous cette influence, ont péri Sodome et Babylone. La croyance au progrès fatal excite l'orgueil, c'est-à-dire un péché plus dangereux que les vices sensuels : sous cette inspiration, les bons prennent en haine le gouvernement établi, et ils se concertent avec les méchants pour le renverser. C'est ainsi que se sont produites, en vingt-deux siècles, tant de catastrophes, depuis la chute d'Athènes jusqu'aux incendies et aux massacres organisés à Paris, en 1871, par un ramassis des révolutionnaires du monde entier.

Plusieurs races modèles ont gardé, depuis les origines de leur histoire, l'obéissance au Décalogue avec les traditions domestiques et les autonomies rurales. Grâce à ces éléments essentiels à la nationalité d'un peuple sédentaire, elles ont toujours pu réagir à temps contre les erreurs des agglomérations urbaines. Ces nations ne nous montrent, dans leurs annales, ni le progrès continu que rêvent les novateurs contemporains, ni même la prospérité stable qu'ils tiennent en mépris. Celles qui ont le mieux conservé leur nationalité ont toujours offert des vicissitudes, surtout aux degrés supérieurs de la vie publique. Leur activité s'est employée, en quelque sorte, à monter puis à descendre sur les deux moitiés d'un même cercle. Aux époques de déclin, les vices des gouvernants ont fait naître la souffrance jusque dans les profondeurs de la société. Aux époques de relèvement, les forces de la vie privée ont réagi avec succès contre les corruptions émanant du souverain, de ses ministres, de ses conseillers et même de ses contrôleurs. La comparaison de ces deux séries d'époques, dans le passé comme dans le présent des grandes races, est le plus sûr moyen d'enseigner les meilleurs procédés du gouvernement central.

Les enquêtes déjà faites concourent à recommander cinq institutions centrales comme particulièrement propres à repousser la corruption et à provoquer la réforme : en tête de ces institutions figure la souveraineté, appuyée sur la justice et la force armée (IV, 6 et 7).

Le souverain, dont le rôle a été précédemment indiqué (IV, 3), est l'autorité qui, aux époques de paix, a toujours occupé le premier rang dans l'estime des hommes. L'unité de la personne souveraine est l'institution la plus universelle des gouvernements de tous les âges. La pensée des abus inhérents à cette pratique est, il est vrai, la première qui s'offre à l'esprit, quand on réfléchit au difficile problème de la souveraineté ; mais, en fait, les peuples qui avaient en eux mêmes le principal élément de prospérité ont toujours mieux réussi à conjurer les actes arbitraires d'un souverain unique qu'à se soustraire aux discordes intestines déchaînées infailliblement par l'autorité d'un souverain multiple. Ce résultat d'expérience n'est pas dû seulement à une disposition d'esprit naturelle à ceux qui doivent obéir à l'autorité souveraine ; il s'explique aussi par un sentiment qui a beaucoup d'empire sur celui qui exerce cette autorité. Le sentiment de la responsabilité personnelle agit avec force sur le monarque, vers lequel se dirigent tous les regards : il s'affaiblit, au contraire, et disparaît à mesure que la souveraineté se partage. L'erreur et la passion ont souvent eu recours à l'extrême morcellement de la souveraineté pour consommer les grands attentats contre l'humanité.

En 1703, sous la reine Anne, le parlement d'Angleterre a voulu détruire la nationalité irlandaise : pour atteindre ce but, il a osé prescrire aux catholiques de ce pays le partage forcé des héritages et leur interdire l'usage du testament ; par cette double contrainte, tombée bientôt en désuétude sous la pression du Décalogue, on prétendait enlever à la race vaincue le moyen de se conserver par la tradition du travail et par l'exercice de l'autorité paternelle. En 1793, sous le règne de la Terreur, la Convention a commis exactement le même forfait dans des circonstances qui lui donnent des caractères plus odieux. L'œuvre de destruction agit sur la France entière et la tient depuis cette époque néfaste soumise à une décadence qu'aucun dévouement n'a pu arrêter. Elle a trouvé d'ailleurs, dans des agents inspirés par le faux principe de 1789, un concours qui a été refusé au parlement d'Angleterre par les légistes du Royaume-Uni.

Comme on l'a dit ci-dessus, les peuples prospères se sont toujours préoccupés de conjurer ces attentats de la souveraineté : tous ont atteint ce but en complétant les garanties inhérentes à la responsabilité d'un souverain unique par le premier et le plus indispensable mécanisme du gouvernement central : par le « conseil privé du souverain ». Sur ce point spécial, comme sur beaucoup d'autres, l'Angleterre a souvent offert d'admirables exemples depuis l'établissement des Anglo-Saxons jusqu'au règne de Charles Ier. Le conseil privé, formé des hommes renommés par leurs vertus et leurs talents, devait être consulté sur toutes les affaires importantes. Suivant l'expression employée pour définir l'une des fonctions du grand chancelier, « Keeper of the King's conscience », ce conseil gardait la conscience du roi; il personnifiait sa sagesse, et restait le fidèle dépositaire des traditions intérieures ou internationales, assurant ainsi à la politique de l'Angleterre cette continuité de vues, qui est l'une des grandes forces de toute nation. Chaque membre s'engageait par un serment solennel à pratiquer les devoirs de sa charge [2]. Il ne donnait que des avis, mais il avait un grand intérêt à ne se prononcer qu'après une étude approfondie : il était tenu, en effet, de consigner sur un registre son avis, en le signant de son nom. Le roi n'était pas obligé par la coutume de se conformer à l'avis de la majorité. Cependant, quand il avait le dessein de s'en écarter, il se trouvait en présence de deux obstacles : le sentiment de la responsabilité morale qu'il encourait; la difficulté de trouver un ministre qui consentît à affronter la responsabilité légale que pouvait en-

[2] *La Constitution de l'Angleterre,* XI, iv.

gager le contre-seing apposé à la décision du roi.

Les responsabilités qui pèsent sur les actes de la souveraineté sont particulièrement en jeu, quand il s'agit soit d'imposer aux contribuables des taxes nouvelles, soit de prendre des décisions que n'autorise pas la coutume. Selon la pratique des peuples prospères, de tels actes doivent s'appuyer sur les décisions écrites d'un pouvoir qui constitue le second mécanisme du gouvernement. Ce pouvoir, très - variable dans sa forme, source habituelle de grandes difficultés aux époques de corruption, satisfait toujours plus ou moins à deux conditions principales : il est indépendant du souverain ; il est spécialement institué pour voter les lois écrites et le budget de l'État selon les prescriptions de la loi suprême, et pour représenter devant les gouvernants les vœux de la nation. Chez les races européennes, et suivant la pratique la plus usuelle de notre époque, ce mécanisme est nommé « le parlement ». Il se compose de deux chambres formées, l'une de députés élus par les gouvernements locaux, l'autre de hautes notabilités désignées par leur situation même, ou nommées à vie par le souverain en son conseil, ou enfin élues par les procédés les plus propres à mettre en lumière **les renommées légitimes.**

Le ministère est le troisième mécanisme du gouvernement central. Il dirige journellement les six rouages principaux de l'administration publique, dont l'énumération vient ci-après. Il donne une certaine impulsion aux gouvernements locaux, soit en édictant les règlements qui définissent leurs pouvoirs, soit en nommant les agents chargés de les contrôler et de les aider. Le ministre des finances préside à l'établissement du budget central, au contrôle et à l'ordonnancement des dépenses. Il est habituellement le premier ministre; et, en cette qualité, il présente ses collègues à la nomination du souverain. Il imprime à tous les actes de l'administration supérieure de l'État l'unité qui pourrait être compromise par l'action intermittente du conseil privé, ou par l'indépendance réciproque des ministres. Le ministre de l'intérieur contrôle spécialement les gouvernements locaux; il surveille l'exécution des règlements qui protégent les contribuables et réservent l'autorité du souverain. Le ministre de la guerre remplit les fonctions précédemment indiquées (IV, 7). Le ministre de la marine est chargé, pour la flotte militaire, de fonctions analogues. Le ministre des colonies prépare les règlements qu'édicte le souverain en son conseil, dans l'intérêt des établissements d'outre-mer, et il veille à leur exécution. Enfin le ministre des affaires étrangères est chargé des rapports établis entre son souverain et ceux des autres pays. Des directeurs généraux, responsables envers les ministres et le souverain, dirigent avec une autorité complète les services autonomes de l'administration centrale. Un conseil d'État seconde les ministres et les directeurs généraux dans la préparation des règlements publics. Des comités spéciaux, institués par le souverain en conseil privé et relevant de ce conseil, dirigent les enquêtes ainsi que les voyages et les essais de réforme qui s'y rattachent.

De hauts dignitaires relevant du souverain complètent les mécanismes précédents. Le grand chancelier préside la Chambre haute, appose sur les actes publics le sceau de l'État, exerce un contrôle sur les services de la justice et présente les juges à la nomination du souverain. Il préside une cour spécialement chargée de juger les procès qui intéressent les orphelins mineurs, les aliénés, les corporations charitables, les universités et les autres établissements de bien public reconnus par l'État. Un grand amiral dirige les services de la flotte militaire. Un commandant en chef dirige l'armée quand le souverain est empêché par l'âge ou le sexe de remplir cet office.

Le quatrième mécanisme du gouvernement central est « la cour suprême », composée de juges nommés à vie par le souverain. Ses membres font, *ex officio,* partie du conseil privé. Elle oppose son veto aux actes et aux lois qui violent la loi de Dieu et le droit des gens. Elle se prononce, conformément à ce droit, sur les difficultés qui s'élèvent entre l'État et les pays étrangers. Sa plus utile fonction est de rendre, suivant les formes légales, des jugements sur la validité des cas de guerre. Elle oppose ainsi un frein salutaire aux entraînements de l'opinion publique, notamment lorsque le patriotisme est surexcité par les conflits internationaux (IV, 8).

§ 4. L'ÉLASTICITÉ DU POUVOIR DANS LE GOUVERNEMENT CENTRAL

Une société simple et frugale, soumise à la loi suprême, élevée à cet état de paix intérieure et de vertu dont le modèle est conservé à notre Occident par quelques races semi-pastorales, n'a guère la volonté et encore moins le pouvoir de se contenter du bonheur qui lui est acquis. Alors même que ses montagnes résistent au défrichement, et que ses foyers épars restent

éloignés du spectacle offert par les corruptions
urbaines, cette société voit bientôt, « aux époques
de progrès », la tradition des ancêtres critiquée
par la jeunesse locale, et battue en brèche
par les riches voisins des plaines contiguës [1].
Ceux-ci, en effet, ont souvent le besoin de
remédier à l'épuisement physique et intellectuel produit par leurs travaux et leurs plai-
sirs : ils vont chercher près des hauts pâturages
le spectacle fortifiant de la paix sociale ; et, en
échange de ce bienfait, ils inculquent à leurs
hôtes l'admiration pour les vices émanant de
la richesse, puis la soif désordonnée du gain.
Les financiers, à leur tour, facilitent l'envahis-
sement de ces dangereuses nouveautés, en
construisant les voies nouvelles de communication. Enfin les spéculateurs de bas étage,
marchant à la suite des ateliers nomades de
travaux publics, complètent l'enseignement du
mal commencé par la richesse. Leur infatigable
initiative propage, de proche en proche, trois
commerces particulièrement dangereux : ceux
des prostituées, des écrivains immoraux et des
cabaretiers.

Au milieu des perturbations de notre conti-

____

[1] Cette transformation est fréquente de nos jours dans
les localités choisies comme stations d'été par les classes
riches, vouées à l'oisiveté.

nent, le rôle des âmes fortes et droites est
tout tracé : il faut suivre dans leurs détails
ces lamentables spectacles, sans jamais se dé-
courager. Les fléaux émanant de la richesse
ne sont point une nouveauté; mais l'invasion
actuelle, plus forte et plus subite que les précédentes, a pris nos contemporains au dépourvu. Sous l'inspiration de la loi suprême,
ces maux ont été souvent réprimés, grâce à des
dévouements et avec l'appui d'institutions dont
l'étude devrait être le principal but des histo-
riens; mais, dans ce cas, les réformateurs
avaient su trouver les hommes et les choses que
réclamait la nature de leur mal. Or les Européens et surtout les Français ne peuvent guère
se méprendre sur le diagnostic du mal actuel et
sur le contraste qui existe entre leur situation et
l'ancien état de santé. Ils diffèrent des autres
races et de leurs propres ancêtres par trois traits
spéciaux : la prédominance de l'erreur sur le
vice, en ce qui touche la propagation du mal;
l'exagération extraordinaire de l'esprit de nouveauté; le contraste douloureux entre l'accord
des hommes animés de cet esprit et l'antagonisme des hommes voués au service des vérités
traditionnelles. Cette division des hommes de
tradition en présence de la coalition des hommes
de nouveauté a déjà déchaîné de grandes cala-

mités. Si elle subsiste plus longtemps, elle rendra impossible l'œuvre du salut. La réforme de l'Europe et le salut de la France dépendent donc de la méthode à adopter et des efforts à faire pour réunir dans une commune pensée, sans distinction de lieu ou de parti, tous les hommes capables de faire prévaloir la vérité. Les Français, en particulier, ont d'abord à étudier leur propre histoire pour comprendre qu'une nouvelle révolution sera aussi impuissante que les onze précédentes à produire la réforme. Nous devons, autant que possible, mettre à profit le court moment de répit que nous offre le gouvernement d'un illustre soldat. Par une insigne faveur de la Providence, le chef du Septennat, à l'exemple de l'infortuné Louis XVI, se distingue des monarques de toute origine qui se sont succédé depuis le chaste Louis XIII : il est soumis à Dieu et à sa loi. Nous pouvons donc suivre maintenant la voie de la réforme, sans en être détournés par le mauvais exemple de celui dont la vie privée attire tous les regards. Cette voie nous est indiquée dans la vie publique par la marche de tous les peuples prospères. En nous gardant de soulever des questions irritantes, nous ne saurions mieux faire que de perfectionner les quatre mécanismes de gouvernement central dont plusieurs rudiments subsistent encore. Ces mécanismes, en effet, ont été institués à des époques difficiles pour remédier aux désordres qu'engendrent les défaillances des gouvernants et du peuple : ils conviennent donc spécialement à notre temps. L'une de leurs principales qualités est « l'élasticité », c'est-à-dire, l'aptitude à s'adapter sans rupture à l'instabilité des choses et aux passions des hommes.

L'élasticité est nécessaire à toutes les parties de l'édifice social; et nulle part l'autorité n'est bienfaisante, si elle se montre immuable et inflexible. Par ce trait spécial, comme par l'ensemble de ses caractères, la famille où règnent simultanément la force et l'amour offre le vrai modèle dont les autres pouvoirs sociaux ont à s'inspirer. Ceux-ci, il est vrai, remplissent avec moins de dévouement leurs obligations envers les subordonnés; mais, à cet égard, ils sont retenus dans le devoir par leurs supérieurs. L'autorité souveraine, qui s'élève au-dessus de toutes les autres, est la seule qui n'offre pas cette dernière garantie à ses sujets. On a dû, en conséquence, chercher dans les quatre mécanismes annexés à cette autorité les contre-poids que ne pouvait fournir l'organisation d'une hiérarchie. L'expérience enseigne

que ce but est atteint par les institutions ci-
dessus décrites (§ 3), quand les infractions à la
loi de Dieu ne dépassent pas certaines limites.

Il n'y a guère qu'une circonstance dans. laquelle un souverain, électif ou héréditaire, peut
seul suffire à l'office du gouvernement central.
C'est lorsque la nation, divisée par les factions,
est étreinte par un ennemi victorieux, et lorsque,
les mécanismes du gouvernement étant brisés,
les derniers amis de la patrie cherchent un
point de ralliement pour une dernière lutte. Ce
suprême effort ne peut être tenté avec l'unanimité nécessaire à une telle entreprise, qu'à
l'aide du prestige attaché à la personne du
souverain [2].

Les quatre mécanismes du gouvernement
peuvent paraître surabondants à ces rares
époques de paix sociale où « chacun vit dans
la joie, sous sa vigne et son figuier [3] »; mais
ils reprennent toute leur utilité dès que reviennent la souffrance et la discorde. Si, après

[2] Les provinces de Charles VI et de Henri IV ont fait,
en 1870, la dure expérience de cette vérité. Privées, par
une catastrophe soudaine, du souverain que leur avait
donné un reste de régime légal, elles ont inutilement
livré leurs enfants à un pouvoir actif, mais qui n'avait pas,
comme l'impuissant Charles VI, l'ascendant d'une tradition séculaire. === [3] *Les Rois*, III, iv, 20 et 25.

une époque de prospérité, le mal vient d'un roi
fort, les bons enseignements ne sont pas seulement rappelés par un prophète qu'inspire la
loi de Dieu [4] : ils sont directement adressés
au souverain coupable par le conseil et le ministère qu'il a institués. Si, malgré ces avis,
le souverain s'endurcit dans le mal et veut
formellement violer la coutume, il trouve une
résistance plus ferme et des freins salutaires
dans le parlement et la cour suprême. Enfin,
si rien ne l'arrête, ces freins reprennent leur
vertu sous son successeur, que la vue du mal a
éclairé. Si au contraire, comme en 1789, le mal
vient surtout de la nation révoltée contre le Décalogue par l'exemple des grands et les faux
dogmes des lettrés, les attentats contre la coutume seront commis par le parlement; mais
ses empiétements contre les droits d'un roi
faible seront entravés par les autres mécanismes. Certes, aucun mécanisme social ne con-
jurera jamais les fléaux que déchaîne sur une
nation une révolte générale contre la loi suprême. Une corruption qui persiste soit chez le
souverain, soit chez le peuple, doit à la longue
amener des conflits violents, puis des catastrophes nationales; mais les quatre mécanismes

[4] *Les Rois,* III, xi, 29.

ont souvent détruit le germe de ces redoutables maladies, et toujours ils en ont retardé l'explosion. Dans ces deux cas, le choc qui se produit entre le souverain et le parlement est adouci par l'élasticité du système. Si le mal est chez les gouvernants, les localités s'unissent pour le combattre, et leurs représentants, inspirés d'un même esprit, prennent la prépondérance. Si le mal vient du peuple, les localités se divisent ; leurs représentants se discréditent en se montrant incapables de constituer une majorité ; et, après un égarement momentané des esprits, la prépondérance revient au souverain en son conseil.

Pour résoudre le difficile problème que soulève, aux époques de corruption, la lutte de la souveraineté et du contrôle, l'histoire fournit une multitude d'enseignements qui auraient dû épargner à la France les échecs qu'elle subit maintenant plus que jamais. Les avantages qu'assurent les quatre mécanismes complémentaires de la monarchie, et les inconvénients qu'amène la transformation du contrôle en une souveraineté à mille têtes et sans contre-poids, sont mis en complète évidence par les contrastes que présentent à l'histoire deux époques de vice et d'erreur, savoir : en Angleterre, l'ère des Tudors, après la guerre des Deux-Roses ; en France, le règne de la Terreur, après la propagande de l'Encyclopédie. Chez un peuple qui n'a pas perdu tout respect pour la loi suprême, les quatre mécanismes de paix conjureront toujours les dernières extrémités du mal. Le pouvoir d'une seule assemblée, vanté par Turgot et les adeptes du « Contrat social », n'aura jamais la même vertu. Sous le régime traditionnel du moyen âge, dont les Anglais ont su garder tant d'éléments précieux, on reverra peut-être la tyrannie d'un Henri VIII ; mais elle sera suivie de quelque règne réparateur. On n'aura guère à redouter les crimes de la Convention, et les calamités nationales accumulées en France depuis quatre-vingts ans par une marche rapide vers la décadence.

Les gouvernements modèles chez lesquels on a pris les éléments du présent Programme, estiment fort les avantages attachés à l'élasticité du pouvoir. Ils ont repoussé tous les régimes exclusifs dont les noms, mal définis, sont aujourd'hui en France un brandon de discorde. Les constitutions qui donnent le bonheur aux sociétés soumettent d'abord à l'empire de Dieu le domaine sans bornes de la pensée. Elles y assurent le règne de la paix avec le concours des ministres du culte ; mais elles se gardent d'attribuer aux clergés aucune autorité sur les

intérêts temporels. Ces vrais modèles n'atténuent en rien l'autorité naturelle que le père de
famille exerce sur ceux que retiennent autour
de lui les liens de la coutume, de l'affection
et de l'intérêt. Ils laissent aux familles de chaque
localité la liberté dont elles ont besoin pour
gouverner, sans aucune immixtion du souverain, les foyers, les ateliers, les voisinages et
les communes. Ils confèrent la haute direction
de la vie provinciale aux autorités naturelles,
désignées par l'affection et le respect des populations. Enfin, ils confient à un monarque,
électif chez les petites sociétés, héréditaire chez
les grandes nations, le devoir d'assurer au
peuple le bienfait de la paix sociale.

On peut maintenant, sans donner prise à
un malentendu, résumer, avec la phraséologie
moderne, la conclusion que beaucoup de lecteurs chercheront dans ce Programme. Les
constitutions modèles du passé, comme celles
du présent, offrent simultanément quatre caractères : elles sont *théocratiques* dans le monde
des âmes, *démocratiques* dans la commune,
aristocratiques dans la province, *monarchiques*
enfin dans la famille et l'État.

CONCLUSION

SOMMAIRE

CONCLUSION

---

§ 1er. LE PRÉCIS DU PROGRAMME

Les divers lecteurs pourront, selon les dispositions de leur esprit, trouver trop long ou trop abrégé l'exposé précédent. Tous approuveront peut-être qu'on en résume ici les points essentiels et qu'on en dégage la conclusion.

La loi suprême de l'humanité, c'est la loi de Dieu, c'est le Décalogue éternel. Les peuples qui la pratiquent prospèrent; ceux qui l'ignorent ou la négligent végètent ou déchoient; ceux qui la violent ouvertement périssent.

La prospérité due à la pratique du Décalogue amène avec elle l'essor de la richesse, de la culture intellectuelle et de la puissance politique; mais ce genre de progrès a presque toujours ramené la rébellion contre le Décalogue, bientôt la souffrance et souvent la ruine.

La richesse développe l'oisiveté, le luxe, les vices liés à l'exagération des appétits sensuels, la misère, les inégalités injustifiables et les antagonismes sociaux. La culture intellectuelle surexcite l'orgueil, surtout chez les écrivains. Les lettrés de profession prétendent substituer l'autorité de leurs écrits à celle du Décalogue : ils conquièrent une popularité malsaine en propageant l'erreur ; et celle-ci fait encore plus de ravages que le vice. Enfin la puissance politique fait naître la tentation d'opprimer les voisins et de conquérir leurs territoires, en provoquant des guerres injustes. C'est ainsi que le mal sort du bien si le progrès matériel, intellectuel et politique n'est pas empêché par la nature des lieux ou réglé par la sagesse des hommes : on part du Décalogue, principe du bonheur, et on aboutit aux catastrophes !

Cette évolution est-elle fatale ? L'humanité sortira-t-elle de ce cercle vicieux ? Peut-elle échapper à ces douloureuses conséquences ?

Depuis les premiers âges, elle cherche à s'y soustraire en instituant de bons mécanismes pour assurer le règne de la loi suprême, ou, en d'autres termes, pour seconder les agents des deux autorités qui se partagent le gouvernement des peuples, l'autorité de Dieu et celle du souverain. Plusieurs de ces mécanismes, définis dans le chapitre précédent, ont fait leurs preuves. Malgré la variété des lieux, ils se montrent efficaces, conjurent les calamités nationales et conservent la paix sociale quand les deux conditions suivantes sont remplies : quand l'autorité de Dieu règne sur tous les esprits, sur les gouvernants comme sur les particuliers; quand les agents du pouvoir spirituel sont en complet accord avec ceux du pouvoir souverain, qui seul est responsable de la prospérité temporelle. Mais ces deux séries d'agents ne peuvent être que des hommes, exposés comme tels à la corruption. Quand ils y cèdent, les mécanismes du gouvernement perdent leur efficacité, et la décadence apparaît. Or jusqu'ici l'histoire ne signale pas une seule nation chez laquelle le personnel des deux autorités soit resté toujours fidèle à ses devoirs. Quand ce personnel a été envahi par la corruption, les institutions qu'il avait en garde ont semblé perdre leur vertu, et le règne de la paix sociale a été compromis.

Notre époque ne diffère pas des précédentes : elle nous offre, en Occident surtout, les mêmes phénomènes sociaux de prospérité et de souffrance. Les inventions mémorables qui se produisent depuis un siècle, les chemins de fer, les machines à vapeur, les machines-outils, la télégraphie, ont à la fois amené le progrès matériel et la décadence morale.

De nos jours comme dans le passé, la violation de la loi suprême a toujours été punie; mais cette punition même a souvent provoqué le retour au bien. Comme le dit l'Écriture :

« Dieu a tout créé pour que tout subsiste; » quand les nations le veulent, elles peuvent réagir contre le mal et revenir à la prospérité. C'est ce que fait la Chine depuis les premiers âges de l'histoire; c'est ce qu'ont fait la France après la guerre de Cent ans et après la Ligue, la Prusse après Iena, l'Angleterre au temps de Georges III. Ainsi, selon les enseignements de l'expérience, la pratique de la morale engendre le progrès matériel et intellectuel. Quand celui-ci n'est pas complété dans l'ordre moral par un progrès correspondant, cette fausse prospérité engendre les maladies sociales. Enfin les nations se guérissent, si elles le veulent fermement, et si elles cherchent le remède dans la seule voie où il se trouve, c'est-à-dire dans le retour à la loi suprême.

Il en sera de même à notre époque en Occident, et particulièrement en France. Malheureusement trois catégories de gens de bien s'abstiennent ou s'égarent en cédant à de fausses tendances. Les premiers, aveuglés par un optimisme imprévoyant ou égoïste, refusent de voir le danger; les seconds, au contraire, découragés par l'étendue des maux actuels, croient à une décadence fatale et affirment l'impuissance de tous les efforts qu'on tenterait pour la conjurer; les troisièmes, enfin, aveuglés par une confiance irréfléchie, poursuivent des nouveautés auxquelles ils attribuent un pouvoir magique que l'expérience vient démentir. Toutes ces dispositions d'esprit sont également nuisibles à la guérison de la France. Il importe donc d'en faire comprendre le danger.

Ce rôle bienfaisant appartient aux trois autorités traditionnelles qui président au gouvernement de la vie spirituelle, de la famille et de l'État. Mais comme diverses causes affaiblissent aujourd'hui l'action des gouvernants dans l'œuvre de la réforme, les particuliers s'efforcent d'y concourir en s'affiliant à des associations de bien public.

§ 2. LE RÔLE DES UNIONS DE LA PAIX SOCIALE

C'est spécialement dans ces conditions que se constituent en ce moment, dans beaucoup de localités, les Unions de la paix sociale. Chaque Union locale s'applique à stimuler autour d'elle l'esprit de réforme, et elle attire tous les dévouements dans les voies tracées par la méthode d'enquête (II, 2). Aux optimistes, elle indique les symptômes de décadence et de décomposition. Comme une vigie placée en haut du mât, elle signale de loin les écueils qu'il faut éviter. Aux fatalistes découragés, elle oppose les consolants exemples de réaction et de relèvement que l'histoire nous offre et que des concitoyens éminents commencent même à nous donner. Enfin aux novateurs guidés par des idées préconçues, elle rappelle que la science sociale doit être traitée à la façon des autres sciences, c'est-à-dire par la méthode expérimentale; elle leur apprend que la vraie méthode de réforme conseille l'imitation des modèles fournis par l'histoire de notre race et par l'observation des peuples contemporains.

Les Unions locales remplissent ces devoirs, autant qu'il dépend d'elles, sans sortir du rôle modeste que leur assigne la nature des idées, des mœurs et des institutions. Elles ne prétendent pas se substituer aux mécanismes fondamentaux de l'autorité spirituelle et de l'autorité temporelle. Elles se considèrent comme des mécanismes auxiliaires qui, au milieu des défaillances actuelles, peuvent seconder l'action de ces autorités. Elles conservent toute l'indépendance nécessaire à leur mission devant les pouvoirs traditionnels; mais elles les aident respectueusement et discrètement, en établissant, autant que possible par la méthode expérimentale, la distinction, maintenant obscurcie, du bien et du mal, du vrai et du faux. Elles n'ont garde de vouloir créer une nouvelle forme de la vie publique, de revendiquer un pouvoir quelconque, de se constituer à l'état de corps scientifique, de hiérarchie centralisée. Ce serait là une nouveauté contraire à leur méthode et à leur esprit. Un nouveau corps n'aurait pas plus de chance de résister à la corruption que ceux dont les Unions voudraient relever les défaillances.

Chaque Union reste donc à la fois privée, locale et libre. Elle concentre de plus en plus le champ de son action dans un petit voisinage. Elle se propose surtout de restaurer l'autorité paternelle, c'est-à-dire la force qui, à elle seule, peut à la rigueur faire vivre et prospérer les peuples, mais sans laquelle les meilleurs mécanismes de paix ont toujours été impuissants.

Les Unions s'interdisent donc toute immixtion dans le domaine de la vie publique et dans la politique. Elles n'admettent pas non plus de pouvoir central qui les groupe en un faisceau. Elles sont pourtant rattachées entre elles par un triple lien, savoir : par la méthode expérimentale substituée à la méthode d'invention et aux idées préconçues; par l'enseignement de l'histoire, qui nous montre dans le Décalogue la loi suprême de l'humanité; enfin, par la Bibliothèque de la paix sociale, qui coordonne les faits déjà observés, tout en restant ouverte à ceux que la même méthode fera découvrir.

Ces liens sont corroborés par une organisation toute spéciale qui dissémine les centres d'action dans les quartiers urbains et les voisinages ruraux. Ce régime, en effet, exclut les assemblées retentissantes, et il n'attire pas les célébrités comme les grandes compagnies scientifiques ou littéraires. Il fonde les nouvelles institutions avec le dévouement au bien, c'est-à-dire avec le meilleur ciment des agrégations humaines. Les Unions, il est vrai, en appliquant leur méthode en France, trouvent devant elles quelques difficultés. Les vérités de la science sociale y seront parfois contestées par les passions politiques et antireligieuses; mais, comme dans les autres sciences d'observation, elles prévaudront bientôt, grâce à l'examen contradictoire des faits. Quand l'évidence sera faite, elles auront des moyens de développement dont les autres sciences ne disposent guère. Tels sont surtout deux sentiments énergiques : la crainte des fléaux que déchaîne l'erreur; l'amour de la patrie, où nous avons vécu dans nos pères, où nous revivrons dans nos enfants !

PIÈCES ANNEXÉES

SOMMAIRE

Pièce I. Le Décalogue éternel. — Pièce II. Sur les devoirs publics et gratuits du *Gentleman rural*, en Angleterre. — Pièce III. Sur les qualités que l'électeur anglais recherche habituellement dans le Gentleman rural qui représente la localité au sein du parlement. — Pièce IV. Sur le rôle rempli dans l'ancienne France par le conseil privé du roi. — Pièce V. Comment les éditions successives du présent Programme peuvent servir « la réforme en Europe ». — Pièce VI. La Bibliothèque de la paix sociale, au 1er octobre 1876. — Pièce VII. Jugements sur la Bibliothèque émis en Angleterre, en Allemagne et en France.

PIÈCES ANNEXÉES

PIÈCE I

—

LE DÉCALOGUE ÉTERNEL

LOI DE DIEU, PRINCIPE DE LA PAIX, CRITERIUM DE LA VÉRITÉ

—

CHAPITRE Ier

FAITS GÉNÉRAUX A PROPAGER

Le Comité de la Bibliothèque et les Unions locales, adoptant l'expression d'un illustre prélat [1], désignent sous le nom de « Décalogue éternel » la loi suprême qui, depuis les premiers âges de l'histoire jusqu'à nos jours [2], donne une

[1] « Dieu n'a permis les menaces du communisme... que pour « nous obliger à nous serrer dans sa sainte Église autour du « Décalogue éternel, sans lequel il n'y a plus ni autorité, ni « respect, ni loi, ni famille, ni propriété, ni raison, ni droit, « ni devoir, ni société humaine, ni humanité sur la terre. » (Mgr Dupanloup, *Lettre pastorale* du 20 octobre 1873.) — [2] Les puritains, chassés d'Angleterre par les persécutions religieuses au XVIIe siècle, suivirent l'exemple donné, huit siècles avant Moïse, par les cent familles patriarcales qui fon-

bienfaisante célébrité aux races qui s'y soumettent. Les peuples qui obtiennent ce succès ne se contentent pas d'obéir à la loi : ils croient qu'elle a été révélée par Dieu au premier homme : ils rendent hommage à Dieu par un culte public, accompagné de rites, et ils méprisent les orgueilleux qui prétendent faire des lois plus hautes et plus utiles. Dans tous les temps et dans tous les lieux les races humaines, en respectant la loi, ont prospéré ; en la violant, elles ont souffert ; en l'oubliant, elles sont tombées au-dessous de la brute. Les contrastes frappants qui se présentent, soit chez deux peuples comparés à la même époque, soit chez le même peuple considéré à deux époques différentes, ont une explication toute naturelle dans ce grand enseignement de l'histoire : ils ont pour origine les alternatives imposées par la lutte du bien et du mal ; ils se résument dans l'obéissance ou la révolte devant les dix commandements de Dieu.

Les Unions de la paix sociale sont fondées pour propager la connaissance de ces faits. Elles démontrent scientifiquement, c'est-à-dire par l'expérience même de l'humanité, la légitimité des

dèrent et composent encore l'empire chinois. Ils prirent le Décalogue pour la base de leurs institutions. M. A. de Tocqueville a signalé comme *étrange* cette idée qui a été la règle de toutes les grandes races. (Voir *la Démocratie en Amérique*, t. Ier, chap. II.)

principes et des coutumes qui en dérivent. Elles réfutent ainsi les novateurs et les prétendus savants qui, tout en admirant la loi suprême, en repoussent les applications [3]; ceux qui, au nom des aberrations groupées sous le titre de « naturalisme », combattent toutes les traditions, même celles du moral et de l'utile [4]; tous ceux, enfin, qui livrent le monde sans défense aux hasards de leurs propres inventions et aux entreprises des hommes de proie [5].

[3] P.-J. Proudhon, qui a publié tant d'erreurs sur la religion et la science sociale, a été mieux inspiré en analysant le Décalogue. Il le ramène à sept groupes de vertus et de devoirs; puis il conclut en ces termes : « Quel magnifique symbole ! Quel « philosophe, quel législateur, que celui qui a établi de pareilles « catégories, et qui a su remplir ce cadre ! Cherchez dans tous « les devoirs de l'homme et du citoyen quelque chose qui ne se « ramène point à cela, vous ne le trouverez point. Au contraire, « si vous me montrez quelque part un seul précepte, une seule « obligation irréductible à cette mesure, d'avance je suis fondé « à déclarer cette obligation, ce précepte hors de la conscience, « et par conséqnent arbitraire, injuste, immoral. » (*De l'Utilité de la célébration du dimanche*, I, 13 et suiv.) Cette déclaration pourra être un jour utilement rappelée à ceux qui prétendent gouverner les sociétés d'après les enseignements du sophiste. == [4] M. Louis Büchner, l'un des philosophes allemands qui ne voient dans l'humanité que « force et matière », place la phrase suivante dans la conclusion d'un de ses ouvrages : « Qu'il nous « soit permis en dernier lieu de faire abstraction de toute ques- « tion de moralité et d'utilité. » (*Force et Matière;* Paris, Reinwald; 1 vol. in-8°, 1865.) == [5] « Il y a des lois pour la société « des fourmis et pour celle des abeilles; comment a-t-on pu « croire qu'il n'y en avait pas pour la société des hommes et « qu'elle était livrée au hasard de leurs inventions ? » (De Bonald.)

CHAPITRE II

ÉTUDES COMPARÉES A ENTREPRENDRE SUR LES FORMULES DU DÉCALOGUE ÉTERNEL, CHEZ LES DIVERSES RACES, ET SUR LES COUTUMES QUI EN SONT DÉRIVÉES.

Le Comité qui, depuis le 1ᵉʳ juin 1871, fondait les Unions locales, s'applique maintenant à compléter la Bibliothèque qui est leur point de ralliement. A cet effet, il réclame souvent le concours des savants voués à l'étude de l'histoire. Il leur demande surtout la communication authentique des textes et des coutumes d'où est sortie la constitution sociale des grandes races de l'histoire; et il compare ces principes à ceux d'où sortent, sous nos yeux, la prospérité ou la souffrance des peuples contemporains.

Ce rapprochement de faits et de textes se montre éminemment propre à substituer l'unité de vues, et même le désir d'une action commune, aux luttes stériles qui sont aujourd'hui le fléau de l'Occident. Il est particulièrement efficace, quand il est débarrassé de tout commentaire inspiré par les doctrines ou les partis engagés dans ces luttes. Le succès est immédiat auprès des égarés de bonne foi, quand ceux qui présentent les faits et les textes restent fidèles à l'obligation que contractent les membres des

Unions : quand ils procèdent à leur exposé en faisant taire momentanément les convictions personnelles qui les attachent à une doctrine ou à un parti. La multiplication rapide des Unions, en 1875 et en 1876, est un premier indice des résultats obtenus par l'application, encore peu répandue, de cette méthode de persuasion.

Le Comité de la Bibliothèque invite les Unions à faire, de concert avec lui, l'étude comparée des races contemporaines. Il s'efforce, comme il s'y est engagé, de tracer la voie qui lui semble le mieux conduire au but désiré : ainsi, après avoir montré, dans les cinq éditions de la *Réforme sociale*, comment la France décline rapidement, depuis l'époque de la Terreur, en violant la loi suprême, il a publié la *Constitution de l'Angleterre*, pour enseigner comment cette grande nation prospère, depuis dix siècles, par l'obéissance à cette même loi. Le Comité insiste également sur l'utilité des études comparées ayant pour objet les races fameuses de l'antiquité et du moyen âge. Il reproduit, avec quelques développements, une première ébauche de la comparaison déjà signalée, dans la Bibliothèque, entre le Décalogue des Hébreux et celui des Chinois, et il y ajoute aujourd'hui le résultat d'une étude récente sur le Décalogue des Musulmans.

CHAPITRE III

LE DÉCALOGUE CHEZ LES HÉBREUX

Il suffit de faire une première lecture des textes où nous pouvons trouver aujourd'hui l'expression de la loi morale qui régnait chez les antiques races de l'Orient, pour apercevoir l'évidente supériorité du texte donné par Moïse aux Hébreux. Le Décalogue promulgué au Sinaï résume la loi suprême avec une sublime précision. Au contraire, pour les Chinois, les Thibétains, les Indous, les Perses, les Égyptiens, cette même loi est disséminée dans des textes ou sur des monuments qui sont loin d'être complétement connus, et qui n'ont point été coordonnés au point de vue dont l'Union se préoccupe. De là une difficulté qui a été signalée aux créateurs de la Bibliothèque par tous les savants spéciaux qu'ils ont consultés [1]. Aucun d'eux, après s'être informé du but que l'Union veut at-

---

[1] M. le vicomte E. de Rougé, membre de l'Institut, conseiller d'État, a souvent dit à l'un de ses collègues, fondateur de l'Union, que les règles, sinon les formules, du Décalogue abondaient dans les monuments de l'ancienne Égypte. Ce savant a été empêché par cette abondance même de terminer avant sa mort le travail qu'il destinait à l'Union. Il espérait que les textes des anciens sages, abrégés avec soin, pourraient un jour approcher de la sublime simplicité qu'on admire dans les dix commandements de l'Exode.

teindre, n'a hésité à dire qu'il fallait prendre le Décalogue des Hébreux comme point de départ de ces études comparées.

En suivant le conseil de ces savants, le Comité ne cède à aucune idée préconçue. Il se flatte d'être fidèle à la méthode, en plaçant au début de son œuvre le texte de l'Exode ; il l'a pris tout simplement dans le catéchisme du diocèse de Paris.

« I. Je suis le Seigneur votre Dieu qui vous ai
« tirés de la terre d'Égypte, de la maison de servi-
« tude. Vous n'aurez point d'autres dieux devant
« moi. Vous ne ferez point d'images taillées ni
« aucunes figures pour les adorer ni pour les
« servir. = II. Vous ne prendrez point le nom du
« Seigneur votre Dieu en vain. = III. Souvenez-
« vous de sanctifier le jour du sabbat. = IV. Hono-
« rez votre père et votre mère afin que vous viviez
« longtemps sur la terre. = V. Vous ne tuerez point.
« = VI. Vous ne commettrez point de fornication.
« = VII. Vous ne déroberez point. = VIII. Vous
« ne porterez point de faux témoignage contre votre
« prochain. = IX. Vous ne désirerez point la femme
« de votre prochain. = X. Vous ne désirerez point
« sa maison, ni son serviteur, ni sa servante, ni
« son bœuf, ni son âne, ni rien qui soit à lui. »

(La Bible; Exode, xx, 2-17.)

Depuis que cette loi a été révélée aux Hébreux, les cultures de l'esprit humain ont reçu de grands développements et des formes variées; mais aucune de ces cultures n'a produit un texte qui exprime tant de vérités en si peu de mots.

———

CHAPITRE IV

LE DÉCALOGUE CHEZ LES CHINOIS

L'identité de la loi morale des Chinois et des Hébreux est constatée depuis longtemps, grâce aux admirables travaux des missionnaires de la compagnie de Jésus. Elle a été indiquée dans les termes suivants par l'un de ces savants missionnaires, après une étude persévérante de quarante-trois années.

« Les Chinois sont un peuple particulier qui a
« conservé les marques caractéristiques de sa pre-
« mière origine; un peuple dont la doctrine primi-
« tive s'accorde... avec la doctrine du peuple choisi,
« avant que Moïse, par ordre de Dieu même, en
« eût consigné l'explication dans nos livres saints;
« un peuple, en un mot, dont les connaissances tra-
« ditionnelles....remontent d'âge en âge et d'époque
« en époque, sans interruption, pendant un espace
« de plus de quatre mille ans, jusqu'au temps du

« renouvellement de la race humaine par les petits-
« fils de Noé [1]. »

M. Emm. de Curzon, membre de l'une des Unions locales qui était déjà constituée dans le groupe du Poitou en 1874, a bien voulu, sur la demande du Comité, se reporter aux longues recherches qu'il a entreprises sur la constitution sociale des Chinois. Après un examen rapide, il a pu établir entre les deux lois morales les rapprochements indiqués ci-après [2] :

« I. Le Dieu suprême a droit à nos adorations et
« à nos hommages. (Le Chou-king, cité par l'abbé
« Grosier, *Description de la Chine*, t. II, p. 153,
« éd. de 1787.) — Yao commence par dire qu'il faut

---

[1] Le R. P. Amiot, missionnaire en Chine, de 1751 à 1794, cité plus longuement dans la *Correspondance sur l'Union*, n° 4, 2ᵉ édition, p. 60. = [2] Les Chinois n'ont jamais connu le Décalogue de Moïse tel qu'il fut inscrit sur les *tables de la loi*. On chercherait donc vainement dans leurs *Livres sacrés* le texte même du Décalogue ; on ne le rencontre pas davantage dans la Bible, avant la promulgation faite sur le Sinaï. Mais les dix préceptes que les chrétiens et les Juifs appellent la *révélation primitive*, et que les Chinois considèrent comme le *mandat du Ciel*, transmis traditionnellement à la Chine, comme chez tous les peuples issus de Noé, se retrouvent dans tous les livres chinois, identiquement les mêmes en substance, bien que divers quant à l'expression. Aussi les missionnaires qui étaient à la cour de Pékin au XVIIᵉ siècle affirment-ils que « les lettrés ne font jamais d'objections contre ce qui ne sort « pas du *credo* d'avant la venue du Messie, et des commande- « ments de Dieu. » (*Mémoires concernant l'histoire ancienne des Chinois*, t. IX, p. 379. Édit. in-4°, 1783.)   EMM. DE CURZON.

« adorer Dieu... Ainsi l'honneur est dû à Dieu, et
« les hommages que la religion lui rend sont à la
« tête de tout. (*Commentaire impérial* sur le texte
« du Chou-king, *ibid.*, p. 154.) = II. La vérité pure
« et sincère est la loi du ciel. (Meng-tseu, p. 371.)
« Celui qui ne promet que ce qui est conforme à la
« justice peut tenir sa parole. (P. 114.) = III. La
« religion recevra des hommes les temps qu'ils lui
« doivent. (Le Chou-king cité, p. 153.) — Étant
« établi qu'il faut adorer Dieu, il doit y avoir des
« temps pour lui rendre hommage. (*Commentaire
« impérial,* p. 154.) — « Vous viendrez honorer de
« sept en sept jours. » (L'Y-king, cité dans les
« *Mémoires sur la Chine,* t. IX, p. 381)[3]. = IV.
« Veillez attentivement à ce que les enseignements
« des écoles et des colléges propagent les devoirs
« de la piété filiale. (Meng-tseu, p. 248.) — Les de-
« voirs que l'on doit à ses parents forment la base
« de tous les devoirs. (*Ibid.*, p. 375.) = V. Ceux
« qui tuent les hommes..., il n'est personne chez
« tous les peuples qui ne les ait en horreur. (Le
« Kang-kao, cité par Meng-tseu, p. 425.) = VI. Se
« livrer à la passion de la volupté... est une atteinte
« à la piété filiale. (Meng-tseu, p. 392.) — Il
« est conforme aux rites que l'homme et la femme
« ne se donnent et ne reçoivent réciproquement
« de leurs propres mains aucun objet. (*Ibid.*, p. 374.)
« = VII. Le second commandement de Fo défend
« de prendre le bien d'autrui. (*Nouveaux Mémoires*

3 L'Y-king ou *Livre des changements* ou des *transformations*,
est le plus ancien des livres canoniques des Chinois. Il est
attribué à Fo-hi, l'un des trois empereurs préhistoriques, dans
lequel plusieurs critiques veulent voir Noé lui-même.

« *sur la Chine*, t. II, p. 108, édit. de 1698.) =
« VIII. Le quatrième commandement de Fo défend
« de mentir. (*Ibid.*) — Il faut être sincère et vrai
« dans toutes ses paroles envers tous les hommes,
« qu'on doit aimer de toute sa force et l'étendue de
« son affection. (Kong-fou-tseu, p. 115.) = IX. Ne
« désirez pas ce que vous ne devez pas désirer.
« (Meng-tseu, p. 480.) = X. Ce qu'on ne désire pas
« qui nous soit fait, il ne faut pas le faire aux
« autres. (Kong - fou - tseu, p. 210.) »

M. Emm. de Curzon ajoute un témoignage
très-concluant à cette première ébauche du Décalogue des Chinois : c'est la citation d'un passage inséré dans les *Lettres édifiantes* (t. XX,
p. 129) par le P. Parennin. Dans une instruction criminelle, poursuivie en Chine contre les
indigènes chrétiens, le juge interrogeant le
prince Our-tchen, l'un des accusés, lui demanda
en quoi consistaient les dix commandements de
sa religion. Lorsque l'accusé les eut récités, le
juge dit : « Ces dix commandements se trouvent
« dans tous nos livres, et il n'est personne qui
« ne les observe; ou si quelqu'un les trans-
« gresse, on le punit de la manière que la loi
« prescrit. »
La loi morale des Chinois n'a pas seulement,
comme celle des anciens Égyptiens, un intérêt
historique : elle offre des applications utiles au

temps présent. M. Emm. de Curzon, comme
tous les savants qui étudient la Chine dans ses
livres, admire les institutions qui conservent
intacte une nationalité de quarante-deux siècles.
Les voyageurs qui observent les Chinois émigrés
à Bornéo, à Singapour, en Australie et en Cali-
fornie, s'étonnent de la supériorité qu'ils ont,
comme ouvriers et chefs de métier, sur tous
leurs concurrents. Ceux, en petit nombre, qui
étudient les Chinois chez eux en dehors de quelques grandes villes, s'étonnent également du
merveilleux spectacle de paix sociale que présentent trois cents millions de « ruraux » groupés
en familles fécondes, et gouvernés par leurs
autorités patriarcales, sans le concours d'une
force publique; et ils apprennent avec plus de
surprise encore que ces autorités gardent fidèlement les noms des descendants de Noé qui,
au nombre de cent familles environ, fondèrent
l'empire chinois; en sorte qu'elles conservent,
avec ces noms, la plus vieille tradition vivante
de l'humanité. Les Occidentaux employés par
le gouvernement chinois pour répandre parmi
ses sujets les procédés financiers, scientifiques,
manufacturiers et militaires de l'Europe, envi-
sagent avec inquiétude les conséquences pro-
chaines du rapprochement qui se produit entre
les deux extrémités du grand continent : ils

s'accordent à exprimer le vœu que l'Occident échappe, par un généreux effort, aux haines et aux divisions qui l'affaiblissent; que la Chine n'abuse pas du supplément de puissance que va lui donner l'acquisition des forces matérielles et intellectuelles de l'Europe; que cette acquisition, grâce au frein modérateur d'une écriture compliquée, ne soit pas trop subite; qu'elle ne détruise pas chez les jeunes savants les qualités distinctives de la race, c'est-à-dire l'obéissance due aux parents et la vénération vouée aux ancêtres; que l'action révolutionnaire des nouveautés européennes reste tempérée par la souveraineté patriarcale qui s'étend du trône à chaque foyer; enfin que, sous l'influence de cette antique souveraineté, la loi morale résiste, en Chine, aux défaillances qui, en Europe, lâchent la bride à l'esprit de vengeance et de conquête.

De nouvelles recherches fourniront certainement la matière d'un rapprochement plus complet entre le Décalogue des Chinois et celui des Hébreux. Toutefois ce premier travail suffit pour indiquer comment l'expression « Décalogue éternel » sera de plus en plus justifiée par la méthode scientifique. Il fait entrevoir en outre comment les hommes de talent, isolés jusqu'à ce jour dans leurs localités, fortifieront dans les esprits droits la vérité, à la fois simple et fondamentale, qui rallie spontanément, autour de la Bibliothèque de la paix sociale, beaucoup d'Unions locales, privées et libres.

———

CHAPITRE V

LE DÉCALOGUE CHEZ LES MUSULMANS

Le Koran, dans ses préceptes, est supérieur à la pratique des fidèles. Ce livre ne serait point un obstacle au règne de la paix entre tous ceux qui croient à « Dieu unique ». Il rend souvent hommage au Livre des chrétiens. Il dit, par exemple (V, 50 et 51) : « Nous avons envoyé « Jésus, fils de Marie, pour confirmer le Penta- « teuque. Nous lui avons donné l'Évangile, qui « contient la direction et la lumière, en confir- « mant le Pentateuque. L'Évangile contient la « direction et l'avertissement pour ceux qui « craignent Dieu. — Les gens de l'Évangile juge- « ront selon l'Évangile. Ceux qui ne jugeront pas « d'après un livre de Dieu seront infidèles. »

Les dix commandements sont souvent rappelés dans le Koran, notamment dans les passages suivants :

« I. N'adorez que « Dieu unique » (II, 77). = « II. Vous ne prononcerez pas le nom de votre Sei-

« gneur sans respect. (LXXXVII , 1.) = III. Lors-
« qu'on vous appelle à la prière du vendredi, em-
« pressez-vous de vous occuper de Dieu. (LXII, 9.)
« = IV. Tenez une belle conduite envers vos pères
« et mères. (II, 77.)=V. Ne tuez point les hommes,
« car Dieu vous l'a défendu, excepté si la justice
« l'exige. (VI, 152.) = VI. N'approchez pas des
« occasions de fornication, car c'est une turpitude
« et une mauvaise route. (XVII, 34.) = VII. Quant
« à un voleur et à une voleuse, vous leur couperez
« les mains, comme rétribution de l'œuvre de leurs
« mains. (V, 42.) = VIII. Soyez stricts observa-
« teurs de la justice, quand vous témoignez devant
« Dieu, dussiez-vous témoigner contre vous-même,
« contre vos parents, contre vos proches, vis-à-vis du
« riche et du pauvre. (IV, 134.) = IX. Éloignez-
« vous des turpitudes, par vos désirs comme par
« vos actions. (VI, 152.) = X. N'enviez pas les
« dons par lesquels Dieu vous a élevés les uns au-
« dessus des autres. Les hommes auront chacun
« la portion qu'ils auront gagnée, et les femmes
« la portion qu'elles auront gagnée. C'est à Dieu
« que vous demanderez ses dons. (IV, 36.) »

Ce texte, beaucoup plus précis que celui qui
est précédemment extrait des livres sacrés de
la Chine, pourra être complété après une nouvelle lecture du Koran. Il a été communiqué au
Comité par Suavi-Effendi, membre du corps des
Ulémas.

PIÈCE II

SUR LES DEVOIRS PUBLICS ET GRATUITS DU GENTLEMAN RURAL, EN ANGLETERRE

Les législateurs de la France échouent depuis 1789 dans les efforts qu'ils ont renouvelés déjà dix-neuf fois pour créer un gouvernement stable. Ils s'expliqueront ces échecs réitérés, dès qu'ils voudront bien consacrer quelques instants à étudier la constitution des peuples qui, en raison de leurs institutions, sont journellement cités comme exemples.

Ces modèles contemporains ont un bon gouvernement, parce qu'ils ont une bonne vie privée fondée sur l'obéissance au Décalogue. Le père a tout le pouvoir que lui attribue le IV⁰ commandement, et il gouverne en paix les foyers et les ateliers. Le Gentleman rural qui s'élève au-dessus des autres pères de famille par la naissance, la fortune, le talent et la vertu, a l'ascendant moral nécessaire pour gouverner en paix son voisinage. La décadence actuelle de la France s'explique par un fait évident : de 1789 à 1794, nos législateurs ont détruit systématiquement, par des moyens inconnus dans le reste du monde, l'ascendant (considérable encore) que la corruption de la monarchie avait laissé au père et au Gentleman rural.

Pour sauver la France, il n'est point nécessaire d'accorder des priviléges au père ou au Gentleman, il suffit d'abroger les lois odieuses de la Terreur, qui empêchent les populations de restaurer les deux autorités fondamentales de la vie privée. La liberté étant ainsi restaurée dans le foyer, l'atelier et le voisinage, les vrais amis de la patrie feront le reste. Le Gentleman rural s'appliquera à pratiquer les devoirs publics du *Magistrate* (IV, 6), dont l'énumération nous est donnée par M. Marx, appartenant à l'Union anglaise de la paix sociale. Le texte suivant est la traduction littérale du texte anglais qu'il nous a envoyé.

« 1° Prendre part aux travaux du *Grand-Jury*[1] deux ou « trois fois chaque année, dans les assises tenues pour le « jugement des criminels.

« 2° Assister quatre fois l'an aux *Quarter-Sessions* tenues « pour administrer les affaires du comté, c'est-à-dire la « police, les prisons, les travaux publics, les asiles d'a- « liénés et les finances. Ces divers services sont gérés par « des comités de Magistrates qui se réunissent de temps « à autre et rendent compte de leurs actes aux Quarter- « Sessions. — Quand l'expédition des affaires dans les « Quarter-Sessions est terminée, un président, nommé à « cet effet et assisté par les autres Magistrates, agit comme « juge avec le concours d'un jury, pour prononcer sur cer- « tains appels et pour rendre la justice criminelle dans la « plupart des cas graves qui n'entraînent ni la peine de « mort ni la servitude pénale.

« 3° Assister aux *Petty-Sessions* de son district, une « fois chaque semaine ou chaque quinzaine, suivant le « besoin, pour le jugement des menus délits et la nomi- « nation des fonctionnaires locaux, pour l'octroi des *li- « cences* relatives aux débits de boissons, pour recevoir « les réclamations touchant la fixation de la taxe des « pauvres et de la taxe des routes, et pour assurer l'exé- « cution des lois de salubrité.

[1] Voir, pour la définition des termes spéciaux, *la Réforme sociale*, 5° édition, chapitre 57.

« 4° Siéger, comme membre de droit, au *Board of Guar-*
« *dians* des pauvres, une fois par semaine ou par quin-
« zaine, suivant ce que le besoin exige. Les *Guardians*
« ont à fixer la *Rent,* revenu imposable de la propriété
« foncière dans leur union, à lever la taxe des pauvres,
« à diriger l'administration des secours à domicile et la
« gestion des *Poorhouses*. Ils exercent aussi, dans les dis-
« tricts ruraux, l'autorité sanitaire avec de larges pou-
« voirs.

« 5° Siéger, comme membre de droit, au *Board* des
« routes de l'union. Ce *Board* administre les routes et
« lève les taxes nécessaires à cet effet.

« 6° Le Gentleman rural assiste aux réunions du *Vestry*
« (Conseil communal) de sa paroisse. Il est membre actif
« du Board ou du Comité des Écoles nationales de paroisse ;
« il prend part à l'administration d'une société de secours
« mutuels du comté ou de la localité ; il est *Trustee* d'une
« caisse d'épargne ; enfin il participe à l'administration des
« secours diocésains et locaux, ainsi qu'aux sociétés reli-
« gieuses.

« 7° Le Gentleman rural, quand il n'est pas empêché
« par l'âge, sert dans l'un des trois corps militaires du
« comté. — S'il fait partie de la *milice,* il réside au camp
« ou dans les baraquements avec son régiment, chaque
« année pendant six semaines ou davantage. — S'il appar-
« tient à la *Yeomanry,* il est appelé hors de chez lui pour
« huit jours à un service permanent, et doit suivre les
« exercices locaux de ses troupes. — Enfin, s'il sert dans
« les Volontaires, il est sous la tente pour huit jours d'un
« service permanent avec son bataillon, et doit prendre
« part aux exercices locaux.

« 8° Le Gentleman rural est souvent Commissaire pour
« l'*Income tax,* et en cette qualité il doit recevoir les ré-
« clamations que suscite l'assiette de cet impôt. »

Depuis les dernières calamités nationales, beaucoup de propriétaires ruraux conçoivent le désir de se dévouer au salut de la patrie. Ils voudraient reprendre la pratique des devoirs que le Gentleman rural n'a pas cessé depuis dix siècles de remplir en Angleterre ; et c'est surtout à leur intention que le Comité a publié la Pièce II rédigée par M. Marx. Or, dans notre état actuel de désorganisation sociale, il ne suffit pas qu'un propriétaire rural ait le talent et le dévouement que réclame le salut du pays : il ne saurait tout d'abord prétendre aux fonctions qui ont été enlevées à l'ancien propriétaire de son domaine par la corruption de la monarchie et les violences de la révolution ; mais il peut du moins préluder à cette partie de l'œuvre du salut en prouvant aux populations qu'il est digne de remplir dans la vie publique du département les fonctions qui sont aujourd'hui confiées à des salariés. Pour commencer cette démonstration, il doit renoncer aux malsaines satisfactions des villes, s'établir sur son domaine et remplir dans son foyer, son atelier et son voisinage les devoirs indiqués ci-dessus. (III, 2, 3 et 4.)

PIÈCE III

SUR LES QUALITÉS QUE L'ÉLECTEUR ANGLAIS RECHERCHE HABITUELLEMENT DANS LE GENTLEMAN RURAL QUI REPRÉSENTE LA LOCALITÉ AU SEIN DU PARLEMENT

Dans les districts ruraux où la tradition nationale n'a point été viciée par les passions politiques ou par les aberrations du régime manufacturier, l'élec-

teur distingue à des signes certains l'homme digne
de représenter la localité dans la chambre des communes. Parmi les circonstances qui déterminent le
choix du candidat figurent en première ligne : le
souvenir des services rendus par les ancêtres ; les
preuves de talent et de vertu données par le candidat
dans son foyer, son domaine et son voisinage ; les
services rendus à la paroisse, à l'union de paroisses
et au comté ; enfin on tient grand compte des témoignages d'ascendant personnel constatés pendant
le séjour à l'université et dans les assemblées locales
de bien public.

A ce sujet, on ne saurait trop recommander à
ceux qui veulent s'éclairer par l'enquête la lecture
des indications jointes, sur les listes du parlement
anglais, aux noms des divers membres. C'est ainsi,
par exemple, qu'on lit le texte suivant, dans le
Parliamentary companion de Dod, à la suite du
nom de l'honorable auteur de la lettre publiée en tête
de cet ouvrage.

*Traduction de la Notice sur M. Butler-Johnstone, dans
la dernière édition de Dod's Parliamentary companion.*

« Butler-Johnstone, Henry Alexandre Munro (député de
« Cantorbéry), fils unique de l'honorable Henry Butler
« Johnstone, 3ᵉ fils de Lord Dunboyne et d'Isabel, fille unique
« du feu sir Alexandre Munro et nièce héritière du général
« Johnstone de Corehead, Dumfrieshire. Né à Édimbourg
« 7 décembre 1837 ; non marié ; élevé à Eton et à Christ-
« Church d'Oxford, d'où il sortit dans la première classe
« dans l'examen pour les honneurs dans *Litteris humanio-*
« *ribus ;* bachelier ès arts 1861, maître ès arts, en 1862.
« *Deputy-Lieutenant* du comté de Rossshire ; *Magistrate*

« du comté de Dumfrieshire. Conservateur; vota cepen-
« dant pour les résolutions de M. Gladstone touchant l'É-
« glise protestante en Irlande; sur quoi il se déclara in-
« dépendant d'un chef de parti. Auteur de la *Foire de*
« *Nijni-Novgorod,* de la *Question d'Orient* et de plusieurs
« brochures politiques. Est député pour Cantorbéry depuis
« février 1862. — 8 Seamore Place, Mayfair, Londres. —
« Culcairn, Rossshire. — Auchen Castle, Moffat, Dum-
« frieshire. »

PIÈCE IV

SUR LE ROLE REMPLI DANS L'ANCIENNE FRANCE
PAR LE CONSEIL PRIVÉ DU ROI

En France, comme en Angleterre, le conseil privé
a exercé jusqu'au xviie siècle une heureuse influence
sur la direction des affaires de l'État. Cette vérité
apparaît dans tous les mémoires relatifs à l'histoire
de France, notamment dans les trois passages suivants extraits de ces mémoires par M. E. Demolins.
Sous saint Louis, le conseil faisait partie de la croi-
sade et subissait l'influence d'un roi juste. Sous
Charles IV, il empêchait le roi d'entreprendre une
guerre inutile. Sous Louis XIV enfin, il tempérait
encore les excès d'un pouvoir devenu arbitraire.

SOUS SAINT LOUIS

« Le roi débarqua au château d'Hyères, ainsi que la
« reine et ses enfants. Lors, l'abbé de Cluny lui fit pré-
« sent de deux palefrois qui vaudraient bien aujourd'hui

« cinq cents livres, un pour lui, et l'autre pour la reine.
« Quand il lui eut fait ce présent, alors il dit au roi :
« Sire, je viendrai demain vous parler de mes affaires. »
« Quand vint le lendemain, l'abbé revint; le roi l'ouït très-
« attentivement et très-longuement. Quand l'abbé fut
« parti, je vins au roi et lui dis : « Je vous veux demander,
« s'il vous plaît, si vous avez ouï plus débonnairement
« l'abbé de Cluny, parce qu'il vous donna hier ces deux
« palefrois. » Le roi pensa longuement et me dit : « Vrai-
« ment oui. — Sire, fis-je, savez-vous pourquoi je
« vous ai fait cette demande? — Pourquoi? » fit-il.
« C'est parce que je vous donne avis et conseil que vous
« défendiez à tous vos conseillers jurés, quand vous vien-
« drez en France, de rien prendre de ceux qui auront
« affaire par devant vous; car soyez certain, s'ils prennent,
« qu'ils n'écoutent plus volontiers et plus attentivement
« ceux qui leur donneront, ainsi que vous avez fait pour
« l'abbé de Cluny. » Alors le roi appela tout son conseil,
« et leur rapporta aussitôt tout ce que je lui avais dit; et
« ils lui dirent que je lui avais donné un bon conseil. »
(Joinville, édition de Wailly, page 361.)

«... Et pourvois qu'avant que tu meuves guerres, tu
« aies eu bon conseil que la cause est bien raisonnable, et
« que tu aies bien admonesté le malfaiteur, et que tu aies
« attendu autant que tu devras... » (Enseignement de saint
Louis à son fils Philippe.)

SOUS CHARLES IV

« Le conseil privé eut sous Charles IV une influence dé-
« cisive dans une affaire de la plus haute importance. Il
« s'agissait de la possession de la Guyenne, pour laquelle
« le roi d'Angleterre ne pouvait se résoudre à renouveler
« l'hommage. La guerre venait donc d'éclater, lorsque le
« roi d'Angleterre, trop préoccupé de ses propres affaires,

« se décida à entamer des négociations. Mais il eut l'im-
« prudence de choisir pour cette mission délicate la reine
« Isabelle, qui nourrissait contre lui-même et contre ses
« ministres des projets de vengeance. Cette princesse, en
« effet, à peine arrivée en France, commença par porter
« au roi son frère les plaintes les plus amères contre le
« roi d'Angleterre son époux. Elle l'engagea à poursuivre
« la guerre dont elle devait lui demander la cessation, et
« Charles n'y était que trop disposé. Mais le conseil fut
« d'un avis différent, et il ne jugea pas que le mécontcn-
« tement de la reine d'Angleterre fût un motif suffisant
« pour reprendre les hostilités et manquer aux promesses
« faites au pays. La paix se fit donc, ainsi que le conseil
« l'avait décidé, et malgré les secrètes préférences du roi
« lui-même. » (Froissard, tome I. — Rymer, *Acta publica*, t. II. — De Vidaillan, *Histoire des conseils du roi*, t. I, p. 126.)

SOUS LOUIS XIV

« Dans son règne, qui fut si long, Louis XIV ne man-
« qua que deux ou trois fois de se soumettre à la décision
« de son conseil. C'est au point qu'un jour, devant une
« majorité due à une seule voix, celle du duc de Bour-
« gogne, dont il pouvait cependant contre-balancer le vote
« par le sien, le fier monarque sut imposer silence à son
« attachement pour la princesse de Soubise et donner
« raison au duc de Rohan-Chabot, contre lequel il nour-
« rissait d'ailleurs une aversion personnelle. » (Saint-Si-
mon, *Mémoires*, t. IV, p. 303. Le récit de la séance y est
fait tout au long.)

PIÈCE V

COMMENT LES ÉDITIONS SUCCESSIVES DU PRÉSENT PROGRAMME
PEUVENT SERVIR « LA RÉFORME EN EUROPE »

Le problème à résoudre se pose dans les termes suivants : en Europe, restaurer le respect du Décalogue, pour réprimer les erreurs subversives des lettrés et mettre fin aux convoitises injustes des gouvernants ; en France spécialement, restaurer les coutumes de la paix sociale par l'accord des quatre partis soumis au Décalogue, mais divisés jusqu'à ce jour, touchant le choix de la meilleure forme de gouvernement.

Une expérience déjà longue enseigne que ce problème peut être promptement résolu, si on s'y attache avec impartialité et surtout avec patience. Pour assurer la réforme, le Comité appliquera au présent Programme le plan suivi depuis 1855 pour les autres ouvrages de la Bibliothèque : à chaque édition nouvelle, il retranchera ce qui aura été justement critiqué par les Unions locales ou par le public ; il ajoutera ce qui, ayant été désiré par l'une d'elles, ne saurait choquer les autres.

Le Comité se conforme plus que jamais à cette règle en constatant qu'elle avait été adoptée par les grands hommes qui, vers le milieu du xviie siècle, conquirent à notre nation et à notre langue la direction intellectuelle de l'Europe. Descartes, le premier, avait songé, en publiant le *Discours de la Méthode*, puis les *Méditations*, à provoquer les réflexions du public sur son entreprise. C'est même pour rendre ce concours plus efficace qu'il écrivit le *Discours de la Méthode* en français, contrairement aux usages de la scolastique, et approuva que le duc de Luynes traduisît, du latin, les *Méditations*. A l'exemple de Descartes, les illustres auteurs de la *Logique* de Port-Royal, Arnauld, Nicole et Lancelot, ont fait appel, à leur tour, à ce concours extérieur. Voici un texte qui, à cet égard, justifiera nos vues et recommandera notre désir d'être aidés par les hommes de tous les partis, dévoués à la cause du bien et du vrai.

« Tous ceux qui se portent à faire part au public « de quelques ouvrages, doivent en même temps se « résoudre à avoir autant de juges que de lecteurs; « et cette condition ne leur doit paraître ni injuste « ni onéreuse, car, s'ils sont vraiment désintéressez, « ils doivent en avoir abandonné la propriété en « les rendant publics, et les regarder ensuite avec « la même indifférence qu'ils feraient des ouvrages « étrangers.

« Le seul droit qu'ils peuvent s'y réserver légiti- « mement, est celui de corriger ce qu'il y aurait de « défectueux, à quoi ces divers jugements qu'on « fait des livres sont extrêmement avantageux; car « ils sont toujours utiles lorsqu'ils sont justes, et « ils ne nuisent de rien lorsqu'ils sont injustes, parce « qu'il est permis de ne pas les suivre.

« La prudence veut néanmoins qu'en plusieurs « rencontres on s'accommode à ces jugements qui « ne nous semblent pas justes; parce que s'ils ne « nous font pas voir que ce qu'on reprend soit « mauvais, ils nous font voir au moins qu'il n'est

« pas proportionné à l'esprit de ceux qui le re-
« prennent. Or il est sans doute meilleur, lorsqu'on
« le peut faire sans tomber en quelque plus grand
« inconvénient, de choisir un tempérament si
« juste, qu'en contentant les personnes judicieuses,
« on ne mécontente pas ceux qui ont le jugement
« moins exact, puisque l'on ne doit pas supposer
« qu'on n'aura que des lecteurs habiles et intelli-
« gents.

« Ainsi il serait à désirer qu'on ne considérât les
« premières éditions des livres que comme des
« essais informes que ceux qui en sont auteurs
« proposent aux personnes de lettres pour en ap-
« prendre leurs sentiments, et qu'ensuite, sur les
« différentes vues que leur donneraient ces diffé-
« rentes pensées, ils y travaillassent tout de nou-
« veau pour mettre leurs ouvrages dans la perfec-
« tion où ils sont capables de les porter. » (*La
Logique* de Port-Royal, second discours.)

PIÈCE VI

—

LA BIBLIOTHÈQUE DE LA PAIX SOCIALE

AU 1er OCTOBRE 1876

I — ORIGINE ET ORGANISATION ACTUELLE

De 1855 à 1869, les ouvrages composant cette Bibliothèque ont été publiés sous divers formats, avec

le concours de plusieurs éditeurs. Dès cette première époque, le principal auteur se préoccupa uniquement d'encourager les ventes par l'attrait du bon marché : renonçant à tout prélèvement sur ces ventes, il se borna, dans tous les traités, à exprimer le vœu que les prix fussent réduits autant que le permettaient les nécessités du commerce.

En 1869, les lecteurs habituels de la Bibliothèque commencèrent à émettre l'opinion que l'enseignement déjà constitué pourrait être utile à la réforme sociale de l'Occident. L'idée de fonder sur cet enseignement les *Unions de la paix sociale* se fit jour de toutes parts. C'est dans ces circonstances que les Éditeurs actuels de la Bibliothèque vinrent offrir un concours absolument désintéressé. Il fut convenu que les Éditeurs comme les Auteurs s'interdiraient tous profits personnels; et que si de tels profits se produisaient éventuellement, il en serait fait remise au Trésorier de la Bibliothèque, qui, lui-même, réduirait d'autant, en certains cas, le prix des ouvrages cédés aux membres des *Unions locales*.

Les Éditeurs ont exposé eux-mêmes, dans les termes suivants [1], les motifs de cette généreuse intervention :

« Au moment où nous éditons pour la première
« fois cet ouvrage, dans les conditions exceptionnelles
« adoptées pour les autres écrits de M. Le Play,
« nous croyons utile d'indiquer les motifs qui nous
« attachent à l'œuvre, vraiment européenne, qu'il
« poursuit avec tant de labeur et de dévouement.

[1] *La Réforme sociale*, 4ᵉ édition; Avertissement des Éditeurs.

« Dès le début de notre carrière commerciale, nous
« avons compris la nécessité de développer nos ate-
« liers dans les conditions qui pouvaient le mieux
« faire régner l'harmonie entre notre famille et celles
« qui lui sont attachées. Sous ce rapport, nous
« sommes restés soumis à certains usages qui tom-
« bent en désuétude dans beaucoup d'ateliers fran-
« çais ou étrangers.

« Or, en lisant les écrits de M. Le Play, nous
« fûmes tout d'abord frappés de deux faits princi-
« paux. En premier lieu, les Autorités sociales, dont
« l'auteur a recueilli avec tant de soin la pratique et
« la doctrine, ont conservé dans leurs ateliers toutes
« les coutumes qui ont eu, pour nous et pour nos
« ouvriers, les plus heureux résultats. Nous avons
« naturellement trouvé dans cette circonstance un
« motif d'attachement à cette tradition. En second
« lieu, ces mêmes Autorités gardent avec de grands
« avantages plusieurs autres coutumes qui n'au-
« raient pas été moins bienfaisantes pour nous, si
« elles nous avaient été plus tôt connues. Ainsi, par
« exemple, nous constatons avec regret que les ca-
« pitaux immobilisés dans la ville de Tours pour
« l'extension de nos ateliers eussent produit dans la
« banlieue de meilleurs résultats pour nos ouvriers.
« Nous aurions pu, en effet, tout en leur assurant
« la même somme de salaires, les aider à conquérir
« les avantages matériels et moraux que donne par-
« tout la propriété du foyer domestique, lié à de
« petites dépendances rurales. Nous avons dû con-
« clure, de notre propre expérience, que la connais-
« sance de ces coutumes, pratiquées en partie par
« notre maison, serait fort utile à une foule de ma-

« nufacturiers qui les ignorent complétement et qui
« s'engagent, en conséquence, dans des voies fausses
« ou dangereuses. »

II — DISTRIBUTION DES OUVRAGES AUX MEMBRES DES UNIONS. PAR LE COMITÉ DE LA BIBLIOTHÈQUE

Les lettres concernant l'envoi des cotisations et
les demandes d'ouvrages doivent être adressées à
*M. Dupont, trésorier du Comité, rue du Rocher, 34,
Paris.*

Le trésorier reçoit les communications verbales
et délivre les ouvrages de la Bibliothèque, savoir :

Pendant les dix mois d'octobre à juillet : — Tous
les jours à 11 h. pour la livraison des ouvrages remis en échange des cotisations. — Les lundis,
mercredis, jeudis et samedis, de 10 h. à 11 h. —
Les mardis et vendredis, de 2 h. à 4 h.

Pendant les mois d'août et de septembre, le lundi
de midi à 1 h.

Les cotisations peuvent être adressées à M. Dupont par mandat de poste. Lorsque la remise des
livres a lieu directement chez le trésorier, les frais
de port ou d'envoi étant nuls, la collection des ouvrages ne subit aucune réduction et représente inté-
gralement le montant de la cotisation. Toutefois, les
membres qui appartiennent à une Union locale déjà
constituée devront toujours adresser au trésorier de
cette Union leurs demandes de livres et leurs cotisations. — Voir les instructions données dans la
brochure intitulée : *Correspondance* n° 7.

III — CATALOGUE

1re SECTION. Ouvrages de M. F. Le Play et des collaborateurs qui, en appliquant la Méthode à l'étude des *Familles*, ont préparé l'étude des *Sociétés*.

Paris, chez M. Dupont, vice-trésorier de la Société d'Économie sociale, aux lieux, jours et heures indiqués ci-dessus.

Nota. — Ces ouvrages se composent d'études comparées sur la population ouvrière des diverses régions du globe, et offrent les vrais fondements de la science sociale.

Les Ouvriers européens, Études sur les Travaux, la Vie domestique et la Condition morale des populations ouvrières de l'Europe ; précédées d'un exposé de la méthode d'observation ; suivies d'un appendice résumant les conclusions déduites des faits observés. Ouvrage couronné le 28 janvier 1856 par l'Académie des sciences de Paris. — 1 vol. in - folio. Paris, Imprimerie impériale, 1855. — Édition de luxe, épuisée en 1856. — Prix d'émission. 60 fr. — Prix courant aux ventes publiques (en 1875).. 130 fr.

2e édition, 6 vol. in-8º ; le tome II sous presse.

Monographies d'ouvriers des deux mondes, publiées sur la demande de l'Académie des sciences de Paris ; insérées dans le recueil de la Société des études pratiques d'économie sociale, ayant pour titre : Les Ouvriers des deux mondes. — Tomes I à IV (1858 à 1863) ; et 1re partie du tome V (1875) ; in-8º. — Prix de chaque vol.......... 10 fr.

Instruction sur la Méthode d'observa-

tion dite des *Monographies de familles.* — 1 brochure in-8°. — Prix...................... 1 fr.

Bulletin des séances de la Société des études pratiques d'économie sociale.—(1866 à 1875) 4 vol. in-8°.— Prix de chaque volume............ 8 fr.

2° **SECTION. Ouvrages de M. F. Le Play et des collaborateurs qui ont préparé les** *Unions locales* **et en propagent les travaux.**

(Tours, Alfred Mame et fils, éditeurs; Paris, Dentu.)

Nota. — L'objet spécial de ces ouvrages est de décrire les idées, les mœurs et les institutions qui offrent les meilleurs modèles, pour la réforme sociale de la France et des autres nations de l'Occident.

La Réforme sociale en France, déduite de l'observation comparée des peuples européens. — 3 forts vol. in-18. 5° édition, 1874, augmentée et refondue. — Prix des trois volumes.......... 7 fr.

L'Organisation du travail, selon la Coutume des ateliers et la loi du Décalogue; avec un précis d'observations comparées sur la distinction du bien et du mal, les causes du mal actuel et les moyens de réforme, les objections et les réponses, les difficultés et les solutions. — 1 fort vol. in-18. 3° édition, 1871. — Prix.................. 2 fr.

L'Organisation de la famille, selon le vrai modèle signalé par l'histoire de toutes les races et de tous les temps. — 1 vol. in-18, 2° édition, 1875, revue et corrigée. — Prix.................. 2 fr.

La Paix sociale après le désastre. Réponse du 1ᵉʳ juin 1871, aux questions reçues par l'auteur, entre le 4 septembre 1870 et le 31 mai 1871. Avec un Épilogue de 1875; 2ᵉ édition, augmentée. — Prix................................ 60 cent.

Correspondance sur les Unions de la Paix sociale. — Huit brochures in-18 (nᵒ 1 à nᵒ 8). — Prix de chaque brochure....... 30 cent.

Nᵒ 1. L'URGENCE DE L'UNION EN FRANCE, lettre de M. le comte de Butenval, ancien ministre plénipotentiaire, ancien conseiller d'État, ancien sénateur, avec réponse de M. F. Le Play. — 3 éditions (1872, 1874 et 1876).

Nᵒ 2. L'ACCORD DES PARTIS POLITIQUES, lettre de M. Lucien Brun, bâtonnier de l'ordre des avocats de Lyon, député de l'Ain à l'Assemblée nationale, avec réponse de M. F. Le Play. — 3 éditions (1872, 1874 et 1876).

Nᵒ 3. LE RETOUR AU VRAI ET LE RÔLE DU CLERGÉ, lettre de Mᵍʳ Isoard, auditeur de Rote pour la France, avec réponse de M. Le Play. — 3 éditions (1872, 1874 et 1875).

Nᵒ 4. LA QUESTION SOCIALE ET L'ASSEMBLÉE NATIONALE, réponse aux questions des députés membres de l'Union, par M. F. Le Play. — 3 éditions (1873, 1874 et 1876).

Nᵒ 5. LE PRINCIPE ET LES MOYENS DU SALUT EN FRANCE, lettres de lord Denbigh, pair d'Angleterre, et de lord Robert Montagu, membre de la Chambre des Communes, avec une NOTICE de M. F. Le Play. — 3 éditions (1873, 1874 et 1876).

N° 6. LA PRESSE PÉRIODIQUE ET LA MÉTHODE, à propos de l'œuvre de M. F. Le Play; lettre et conférence, par M. Emm. de Curzon, propriétaire cultivateur à Moulinet (Vienne). — 3 éditions (1873, 1874 et 1876).

N° 7. PRÉLUDE AUX UNIONS LOCALES, notice sur *la Bibliothèque de la paix sociale*, avec le précis historique des travaux qui en ont préparé la fondation, par M. F. Le Play. — 2 éditions (1874 et 1876).

N° 8. LA MÉTHODE EXPÉRIMENTALE ET LA LOI DIVINE, lettre de M. P. Pradié, député de l'Aveyron à l'Assemblée nationale, auteur de la *Philosophie du Cosmos*, avec réponse de M. F. Le Play. — 1875.

3ᵉ SECTION. Ouvrages publiés par le Comité de la Bibliothèque.

(Tours, Alfred Mame et fils, éditeurs; Paris, Dentu.)

NOTA. — Le Comité poursuit l'œuvre commencée en 1869 par les Auteurs et les Éditeurs de la Bibliothèque. Il s'applique à mettre en lumière les travaux des Unions locales; et, en continuant à s'interdire tout profit sur les ventes, il cède aux prix les plus réduits les ouvrages qui lui sont demandés par les Unions locales.

§ 1. MONOGRAPHIES DE SOCIÉTÉS

La Constitution de l'Angleterre, considérée dans ses rapports avec la loi de Dieu et les coutumes de la paix sociale, précédée d'aperçus sommaires sur la nature du sol et l'histoire de la race, par M. F. Le Play, avec la collaboration de M. A. Delaire. — 2 vol. in-18, 1875. — Prix.   4 fr.

§ 2. ANNUAIRES DES UNIONS

Annuaire de l'Union pour l'an 1875 , comprenant cinq livres.— I. Le Programme.— II. Le Décalogue éternel.— III. Le Précis des travaux.— IV. La Bibliothèque et le Vocabulaire. — V. L'état du personnel. — 1 vol. in-18, 1875. — Prix.   2 fr.

§ 3. PUBLICATIONS DIVERSES

Groupe du Poitou. — L'Union adoptée comme auxiliaire par les institutions fondées sur le Décalogue. D'après les communications faites par M. Emm. de Curzon. — 1 br. in-18, 1875. — Prix. . . . .   30 cent.

(Premier exemple d'une publication utile à l'Union, faite sur l'initiative d'un groupe local.)

La Réforme en Europe et le Salut en France. — *Le Programme des Unions de la paix sociale*, avec une Introduction, par MM. H.-A. Munro Butler Johnstone, membre de la chambre des Communes d'Angleterre, et F. Le Play. — 1 vol. in-18, 1876. Prix. . . . .   1 fr. 50.

LA BIBLIOTHÈQUE ANNEXÉE

Nota. — Les ouvrages admis dans ce supplément de la Bibliothèque sont ceux qui ont été entrepris pour seconder l'œuvre des Unions, mais qui demeurent la propriété de leurs auteurs. Ceux-ci en fixent le prix à leur gré. Ils se concertent avec le Trésorier pour mettre leurs ouvrages à la disposition des membres des Unions, aux lieux, jours et heures indiqués ci-dessus.

Bousies (M. le Comte de). — *La Liberté testamentaire en France.* — 1 br. in-8°; Mons, Dequesne-Masquillier, 1871. — Prix............................ 1 fr.

Demolins (M. Edmond). — *Le Mouvement communal et municipal au moyen âge;* avec une lettre de M. F. Le Play. — 1 vol. in-18; Paris, Didier, 1875. — Prix.   3 fr.

Jannet (M. Claudio). — *Les États-Unis contemporains.* Les idées, les mœurs et les institutions des États-Unis, depuis la guerre de sécession; avec une lettre de M. F. Le Play. — 1 volume in-12; Paris, Plon, 1876. — 2ᵉ édition. — Prix............................... 4 fr.

Moreau d'Andoy (M. A. de). — *Le Testament selon la pratique des familles stables et prospères.* — 1 vol. in-18; Namur, Balon-Vincent; Paris, Dentu, 1873. — Prix.   3 fr.

Ribbe (M. Charles de). — *Les Familles et la Société en France avant la Révolution.* — 2 vol. in-18; 2ᵉ édition; Paris, Albanel, 1874. — Prix : 6 fr. = *La Vie domestique, ses modèles et ses règles.* 2 vol. in-18. (Sous presse.)

Robert (M.), chanoine de Rouen. — *L'Influence de la loi des successions sur le développement des colonies.* — 1 br. in-8°; le Havre, Albert Mignot, 1876. — Prix. 60 cent.

Roux (M. Xavier). — *Les Utopies et les Réalités de la question sociale;* avec une lettre de M. F. Le Play. — 1 vol in-18; Paris, Albanel, 1876. — Prix....... 3 fr.

Triaire (Dʳ Paul). — *Conférences populaires sur l'hygiène morale et physique des classes ouvrières.* — 1 vol. in-12; Tours, Mame, 1876. — Prix........ 2 fr.

PIÈCE VII

JUGEMENTS SUR LA BIBLIOTHÈQUE

ÉMIS EN ANGLETERRE, EN ALLEMAGNE ET EN FRANCE

(Extraits sommaires.)

ANGLETERRE

Extrait de la revue anglaise dite *Saturday Review* (5 juin et 23 décembre 1871).

« Devant le spectacle inouï que nous offre la na-
« tion française, on se demande si quelqu'un a pu
« prévoir et prédire l'étrange et triste chute de ce
« grand peuple, tombant au moment où il semblait
« jouir, dans l'ordre matériel, d'une prospérité
« exceptionnelle. Nous ne parlons pas d'une de ces
« prédictions habituelles aux moralistes et aux pré-
« dicateurs ; nous signalons un ouvrage rationnel
« et sérieux· où les causes de la chute soudaine
« d'une des premières nations du monde, alors
« qu'elles étaient encore dissimulées sous des appa-
« rences de force et de succès, auraient été décou-
« vertes et démontrées distinctement par un esprit
« calme et pénétrant, que l'imagination ne guidait
« pas... Il y a un ouvrage qui répond à notre ques-
« tion ; c'est la *Réforme sociale,* publiée par M. Le
« Play dès 1864... »

Après avoir fortement constaté le caractère et la valeur scientifique de M. Le Play, ses longs travaux, ses voyages, sa vie d'observation, les résultats puissants auxquels il est parvenu, l'écrivain anglais montre M. Le Play tournant vers l'état de la France son esprit de comparaison et de critique; il ajoute : « Cette longue étude de la société « française le conduisit à condamner vivement la « situation de son pays ; il exposa d'une manière « claire et nette les motifs de cette condamnation, « et il exprima pour l'avenir les plus sérieuses inquié- « tudes. Appréciant à leur juste valeur les théories « abstraites et les remèdes héroïques auxquels l'opi- « nion, en France, se confie volontiers, il ne pou- « vait espérer de guérison que dans une réaction « morale, énergique et incessante. »

L'auteur de l'article revient ailleurs sur la même idée : « En 1864, dit-il, dans un moment de grande « prospérité, alors que personne ne songeait au « danger, M. Le Play entreprit d'indiquer à ses « concitoyens les périls auxquels la société française « était exposée. Ces périls n'étaient pas du genre de « ceux sur lesquels les ennemis du système im- « périal aimaient à s'appesantir... Les maux sur « lesquels M. Le Play insistait sont ceux qui at- « taquent les caractères et les idées ; ce sont les « coutumes vicieuses gouvernant les classes élevées « aussi bien que les classes inférieures, pervertis- « sant leur esprit, affaiblissant leurs facultés et « leurs forces. »

Et ailleurs : « Selon M. Le Play, aucun change- « ment de gouvernement, aucune violente révolu- « tion ne peut délivrer la France des deux maux

« qui l'affectent principalement, maux qui ne sau-
« raient être guéris que par une amélioration lente,
« profonde, continue, dans le caractère, les opi-
« nions et les coutumes du corps social tout
« entier. »

Ailleurs encore : « M. Le Play ne pense pas que
« ces maux puissent être attribués exclusivement à
« certaines formes de gouvernement ou à des consti-
« tutions défectueuses ; il leur découvre d'autres
« causes, plus profondes ; et ces causes, presque
« invisibles, mais puissantes et toujours agissantes,
« il les constate et les signale à l'aide des lumières
« que lui fournissent l'examen attentif des faits et
« la comparaison de la société française avec les
« conditions sociales et les usages d'autres na-
« tions. » L'auteur de l'article énumère, à ce propos, quelques-unes des idées fausses dont M. Le
Play voudrait guérir ses compatriotes : c'est tour à
tour la confiance exagérée que l'on fonde sur les
progrès des sciences et ceux de l'industrie ; l'erreur où l'on est que de pareils progrès puissent
tenir lieu d'un bon état moral, qu'ils puissent même
survivre à la perte de la moralité publique ; c'est
encore l'ignorance où l'on est, en France, des
vraies traditions historiques du pays. Il signale
plusieurs conséquences funestes de ces erreurs, notamment les chimériques entreprises de réaction
contre des abus, des antagonismes de classes qui
n'ont pas existé ; l'oubli ou l'abandon des principes et des institutions les plus salutaires, qui
assurent ailleurs le bien-être et la liberté des populations.

Il faudrait reproduire tout l'article du *Saturday*

Review, si l'on voulait donner une idée complète des formes variées par lesquelles l'écrivain anglais exprime son étonnement de trouver, en M. Le Play, un auteur qui avait si sûrement analysé et averti la société française. L'article se termine ainsi : « Si « nous avions étudié ce livre il y a sept ans, nous « aurions sans doute été frappés de la grande « perspicacité dont M. Le Play fait preuve en indi- « quant si clairement la plupart des plaies et des « faiblesses de la France. Nous aurions compris, « notamment, que les mariages tardifs et stériles, « le partage forcé des héritages, l'éducation vi- « cieuse de la jeunesse, les idées fausses sur le « régime du travail, pouvaient, à la longue, ame- « ner une catastrophe. Mais nous aurions supposé « qu'il n'avait pas suffisamment aperçu certaines « influences qui, à son insu, faisaient contre-poids « et conservaient à la France sa force et sa vigueur, « malgré les vices évidents de son état social... »

L'écrivain anglais insiste, dans son second ar- ticle, sur plusieurs de ses jugements. Il admire sur- tout le courage avec lequel l'Auteur combat les erreurs de ses concitoyens, et rappelle ceux-ci à l'observation du Décalogue. Selon lui, M. Le Play a été bien inspiré en attribuant la décadence de son pays à la violation de la triple loi du respect dû « à « Dieu, source de toute autorité; au père, son dé- « légué dans la famille; à la femme, lien d'amour « entre tous les membres de la communauté ». L'é- crivain conclut en recommandant l'étude des ou- vrages de M. Le Play à « ceux qui ont charge du « bien-être de l'Angleterre ».

ALLEMAGNE

Extraits de la *Revue trimestrielle allemande* (Deutsche Vierteljahrschrift, 1865, Heft IV, 2. Nr. cxii).

M. le docteur Schæffle, professeur à l'université de Tubingen, et depuis ministre du commerce de S. M. l'empereur d'Autriche, commence son article en exprimant sa surprise. Il s'étonne de ne pas trouver, dans la *Réforme sociale,* écrite par un Français, « des théories enfantines, mal digérées, prétendant « improviser le bonheur de l'humanité, la transfor- « mation de la société..., des mots vides, des phrases « brillantes..., un plan de réforme bâclé en une « heure ; » mais bien, tout au contraire, « le résultat « mûri d'une foule d'études de détail, fondées sur l'ex- « périence et les faits, » aussi opposées « à l'esprit de « réaction qu'à l'esprit de révolution ». M. Schæffle, abordant les opinions propres aux Autorités sociales, fait honneur à M. Le Play de la manière dont il expose leur doctrine, de l'érudition abondante et sûre qu'il apporte à l'appui de ses propositions. Il se montre particulièrement touché de la partie rela- tive à la famille. « Il est rare, dit-il en terminant, « de rencontrer un écrivain adonné aux questions « sociales, qui soit à la fois le partisan de l'indus- « trie et d'une religion positive, l'adversaire de la « phraséologie sceptique et de la corruption intel- « lectuelle, le défenseur des forces morales, et enfin « le partisan de la méthode expérimentale, dans « la critique du matérialisme moderne. Il est plus

« rare encore de trouver un auteur chez lequel ces
« sages principes soient le résultat de trente années
« d'étude. »

M. le docteur Schæffle place à la fin de son article
une longue énumération des réformes réclamées
dans l'ouvrage qu'il analyse. Comme M. Le Play, il
pense que, pour sortir du cercle vicieux où elle est
placée, la France doit les accomplir dans leur ensemble. Il pense aussi que, dans cette transformation nécessaire, il faut faire une part à l'action du
temps ; et il loue M. Le Play d'avoir déclaré que le
changement des institutions devait marcher de front
avec la rectification des idées et le perfectionnement
des mœurs.

FRANCE

Les *Nouveaux Lundis*, par Sainte-Beuve.

Sainte-Beuve, dès l'apparition des *Ouvriers européens* et de la *Réforme sociale*, a consacré à ces
ouvrages plusieurs articles, insérés plus tard dans
les *Nouveaux Lundis* (t. IX, 1867, p. 61 à 201).

Il décrit en détail les nombreux voyages, les longs
travaux et la méthode de M. Le Play, « esprit exact,
« sévère, pénétrant, exigeant avec lui-même..., l'un
« de ces hommes rares, chez qui la conscience en
« tout est un besoin de première nécessité et dont
« le plus grand plaisir comme la récompense est
« dans la poursuite même d'un travail... »

Il félicite l'auteur d'avoir pris pour point de départ de ses travaux cette forte constitution de la

famille « où l'ouvrier a la propriété de son habita-
« tion, où la mère de famille n'est pas obligée d'aller
« travailler chez les autres, où elle siége et trône,
« en quelque sorte, au foyer domestique, où elle est
« souverainement respectée, où les vertus naissent,
« s'entretiennent, se graduent d'elles-mêmes autour
« d'elle... »

Il approuve, en admirant leur précision analytique, « ces monographies exactes et complètes
« qui ne laissent rien à désirer et qui sont d'excel-
« lentes esquisses à la plume... Jamais la statis-
« tique n'avait encore été traitée de la sorte ni ser-
« rée d'aussi près, de manière à rendre tous les
« enseignements qu'elle contient, et rien que ce
« qu'elle contient. Doué d'un esprit de suite, de té-
« nacité et de patience incroyable, obstiné et même
« acharné à mener son idée à fin et à la pousser
« aussi loin que possible, M. Le Play, en rassem-
« blant les éléments du problème social, a fait un
« premier ouvrage qui, sans parti pris, est un mo-
« dèle et qui devrait être une leçon pour tous les
« réformateurs, en leur montrant par quelle série
« d'études préparatoires, par quelles observations
« et comparaisons multipliées il convient de passer
« avant d'oser se faire un avis et de conclure. »

Après *les Ouvriers européens,* Sainte-Beuve étudie
la Réforme sociale. Il s'étonne parfois que l'auteur
voie certaines réformes dans le retour au passé.
Néanmoins il nomme M. Le Play « un Bonald rajeuni,
« progressif et scientifique... Il est, dit-il, d'une
« génération toute nouvelle; il est l'homme de la
« société moderne par excellence, nourri de sa vie,
« élevé dans son progrès, dans ses sciences et dans

« leurs applications, de la lignée des fils de Monge
« et de Berthollet; et s'il a conçu la pensée d'une
« réforme, ce n'est qu'à la suite de l'expérience et
« en combinant les voies et moyens qu'il propose
« avec toutes les forces vives de la civilisation ac-
« tuelle, sans prétendre en étouffer ni en refouler
« le développement. Toutefois il a vu des plaies, il
« les a sondées, il a cru découvrir des dangers pour
« l'avenir et, à certains égards, des principes de
« décadence si l'on n'y avisait et si l'on n'y portait
« remède; et non-seulement en bon citoyen il pousse
« un cri d'alarme, non-seulement il avertit, mais en
« savant, en homme pratique, muni de toutes les
« lumières de son temps et de tous les matériaux
« particuliers qu'il a rassemblés, au fait de tous les
« ingrédients et des mobiles sociaux, sachant tous
« les rouages et tous les ressorts, il propose des
« moyens précis de se corriger et de s'arrêter à
« temps. »

Sainte-Beuve explique ensuite comment l'auteur
a été conduit souvent à voir la réforme dans le retour
à la tradition nationale. A ce sujet, il dit : « La ré-
« volution française, en s'attaquant aux désordres
« des règnes antérieurs et, du même coup, à tout
« l'ordre ancien, a dû faire appel à la passion plus
« encore qu'à la vérité. Aujourd'hui les abus que l'on
« combattait alors ont en partie disparu : les passions
« et surtout les erreurs que la passion a propagées
« subsistent encore. Il s'agit, selon M. Le Play, de
« purger le corps social de ces restes de levain
« irritant. Il s'agit de renoncer à quelques-unes des
« idées qui, mises en avant dans la lutte, n'étaient
« que des armes de guerre. »

Ne pouvant aborder chapitre par chapitre l'examen des moyens de réforme, Sainte-Beuve loue du moins l'auteur, en ce qui touche la famille, d'avoir voulu relever parmi nous « la statue du Respect ». Il est enfin complétement gagné par les citations qu'il extrait de la *Réforme sociale*, au sujet de la tolérance, et dit : « Je ne sais pas de plus belle « page de moralité sociale à méditer. »

Lettres de Montalembert à M. A. Cochin (10 octobre 1864) et à un ami (8 janvier 1866).

Montalembert écrit dans sa première lettre : « Je « lis le livre de Le Play, et j'en suis émerveillé... « Il n'a pas paru de livre plus important et plus « intéressant depuis le grand ouvrage de Tocque- « ville sur la démocratie; et Le Play a le mérite « d'avoir bien plus de courage que Tocqueville, « qui n'a jamais osé braver un préjugé puissant... « Il faut que vous lui rendiez pleine justice, et que « nous adoptions son livre comme notre programme, « sans nous arrêter aux dissentiments de détail, « qui pourront être assez nombreux. »

Après une année de cruelles préoccupations, Montalembert reprend la lecture de la *Réforme sociale* et il écrit à un ami : « Sachez que je vis depuis plus « d'un mois en communication intime avec Le Play. « En revenant de mon voyage en Espagne, je me « suis mis à relire la *Réforme sociale*... Aujour- « d'hui je la lis, je l'annote, je m'en imbibe goutte « à goutte, à raison de quatre pages par jour; je « suis arrivé ainsi à la fin du premier volume, où

« j'ose croire que rien ne m'a échappé ; et, cette
« lecture achevée, je n'hésite pas à dire que Le
« Play a fait le livre le plus original, le plus utile,
« le plus courageux et, sous tous les rapports, le
« plus fort de ce siècle. Il a, non pas plus d'élo-
« quence que l'illustre Tocqueville, mais beaucoup
« plus de perspicacité pratique et surtout de cou-
« rage moral. Oui, ce que j'admire surtout en lui,
« c'est le courage qui lui a permis de lutter à visage
« découvert contre la plupart des préjugés domi-
« nants de son temps et de son pays, comme il l'a
« fait très-spécialement dans son excellent chapitre
« sur l'enseignement, et partout où il confesse si
« nettement la chute originelle de l'homme, cette
« doctrine qui répugne si profondément à l'orgueil
« servile de nos contemporains. C'est par là, encore
« plus que par sa prodigieuse science des faits et
« son rare talent d'exposition, c'est par la noble
« indépendance de son esprit et de son cœur, qu'il
« sera vraiment grand dans l'histoire intellectuelle
« du XIXe siècle. »

FIN

TABLE ANALYTIQUE DES MATIÈRES

INTRODUCTION

LE PROGRAMME DES UNIONS

CHAPITRE Ier. LE FAUX PRINCIPE DE 1789 ET SES CONSÉ-
QUENCES LOGIQUES

CHAPITRE II. LA MÉTHODE DE LA RÉFORME ET DU SALUT

CONCLUSION

PIÈCES ANNEXÉES

FIN DE LA TABLE

6394. — Tours, impr. Mame.